나를 사랑할 시간

현대수필가100인선 Ⅱ · 93

나를 사랑할 시간

박용수 수필선

수필과비평사 · 좋은수필사

■ 책머리에

  수필은 누구나 부담 없이 읽고, 마음만 먹으면 직접 쓸 수도 있는 가장 친근한 문학이다. 다른 영역의 문학이 영상매체에 밀려 신음하고 있는 중에도 수필 인구만은 날로 증가하여 바야흐로 수필 전성시대를 구가하고 있는 이유도 거기에 있을 것이다.
  시대적 추세에 힘입어 수많은 수필전문지, 수필동인지가 창간되고, 이에 비례하여 신진 수필가도 날로 늘어나다 보니 이제는 그 많은 작가, 그 많은 작품 중에서 문학성 높은 작품을 가려 읽는 일이 쉽지 않게 되었다. 이런 현상은 작가에게나 독자에게나 결코 바람직한 일이 아니다. 더 나아가서는 수필을 연구하는 후세들에게도 큰 부담이 될 것이다.
  이런 문제를 해결하는 데는 출판인도 마땅히 한몫을 감당해야 한다는 평소의 소신에 따라, 본사가 기꺼이 그 역할을 맡기로 했다. 그 첫 번째 사업으로 시대를 대표할 만한 수필가 100인을 선정하고, 작가가 자선한 40편 내외의 작품을 수록한 문고본을 발간하여 이를 널리 보급함으로써 그 소임을 다하고자 한다.
  본사는 사명감을 가지고 이 사업을 추진해 나가기로 했다. 작가 선정을 전담할 편집위원회를 구성하고 전권을 위임하여 일체의 사적인 정실이나 청탁을 배제함으로써 전문성과 공정성을 확보해 나갈 것이다.
  따라서 이 기획물 속에는 작가의 문학정신뿐만 아니라, 본사의 문학사적 기여 의지와 편집위원 제위의 수필문학에 대한 애정과 문인으로서의 양심이 함께 담겨 있음을 자부한다. 다만, 작가를 선정하는 기준에는 많은 견해의 차이가 있을 수 있고, 선정 과정에서도 미처 챙기지 못한 부분이 있을 것이라는 사실만은 인정하지 않을 수 없다. 이 점에 대해서는 관계자 여러분의 양해 있으시기 바란다.

이 시리즈의 발간 순서는 작가, 또는 본사의 사정에 의한 것일 뿐 그 밖의 어떤 기준도 적용하지 않았음을 밝힌다.

본 기획물이 시대를 초월한 많은 수필 애호가들의 관심과 애정 속에 우리나라 수필문학 발전에 한 이정표가 되기를 바랄 뿐이다.

본사에서는 이상과 같은 취지로 ≪현대수필가 100인선≫ 전 100권을 완간하여 큰 반향을 불러일으킨 바 있다.

그러나 우리 수필문단의 규모나 수필문학의 수준에 비추어 선정 작가를 100인으로 한정하는 것은 형평성이나 효율성 면에서 크게 부족하다는 의견이 많았고, 본사 또한 이를 통감하던 터라 기꺼이 ≪현대수필가 100인선Ⅱ≫를 발간하기로 했다.

본사의 충정에 찬동하여 출판에 응해주신 저자 여러분에게 진심으로 감사한다.

2014년 9월 일

수필과비평사 · 좋은수필사 발행인 서 정 환
현대수필가 100인선 간행 편집위원 박 재 식 최 병 호
정 진 권 강 호 형
오 세 윤

| **차례** | 현대수필가100인선 II · 93

1_부

은어의 사랑 • 12
밥알 하나 • 16
남행열차 • 20
아버지 술잔은 절반이 침묵 • 24
의자현義自見 • 28
남광주시장 연가 • 32
삶은 은유 • 36
낫을 갈며 • 40
포옹 연습 • 44
내 영혼의 징검다리 • 48

2_부

부탁 • 54
없음의 가치 • 58
마음으로 짓는 밥 한 공기 • 61
나에게 말 걸기 • 66
독수정 연가 • 70
타인 • 74
내 장례식장 가는 길 • 78
행복 방정식 • 82
종이비행기 • 86
술 그리고 아버지 • 90

3_부

나무의 첫사랑 • 98
꿈꾸는 숫자 • 103
들리시나요 • 108
혼자 그러나 홀로 • 112
꽃담 • 116
무하정無夏亭 연가 • 122
운주사運舟寺에서 하룻밤 • 127
품격 있는 거부 • 134
세트 메뉴 인생 • 139
나무의 사랑 • 142

4_부

내 마음의 완행버스 • 148
집게 • 153
사팔뜨기의 사랑 • 157
꼬막댁 소녀 • 164
신발 끈을 매는 당신에게 • 170
취일몽醉日夢 • 174
중장터에 들다 • 178
아버지의 배코 • 182
부러움 그리고 부끄러움 • 189
나를 사랑할 시간 • 194

■ 작가연보 • 197

1부

은어의 사랑
밥알 하나
남행열차
아버지 술잔은 절반이 침묵
의자현義自見
남광주시장 연가
삶은 은유
낫을 갈며
포옹 연습
내 영혼의 징검다리

은어의 사랑

고달 강나루

 지리산을 훑고 나온 섬진강은 눈부터 시리다. 강은 유연한 몸으로 산 구석구석을 씻고, 산은 한가하게 촉탁을 하고 있다. 한 발 한 발, 내딛는 걸음걸음, 내 시선은 강변 건너편에 머문다. 하얀 모래, 고운 자갈밭, 올망졸망 작은 바위 무더기, 좁은 산자락 군데군데 몇 안 되는 집들이 소담하다.
 거기, 마음을 준 지 오래.
 끝없이 이어지는 강변, 햇살만 따갑다. 바람도 건너편을 택했나 보다. 바람이 간질거리자 수양버들은 연방 애교를 떤다.
 간절함도 이렇듯 사무칠까? 누굴 만나자 함도, 어디로 가자 내친걸음도 아닌데, 한낮의 햇살이 쉽잖은 상대다. 자꾸 건너편으로 눈이 간다.

그렇게 걷기를 얼마,

강변을 가로질러 줄이 쳐졌다. 나루터다. 필경 앞마을로 이어지는 줄이리라. 서둘러 고개를 내미니 물색도 창연타.

아니나 다를까? 조그만 배가 바람에 출렁인다.

크지 않은 마을이니 오가는 사람도 많지 않을 터. 서너 사람은 족히 탈 성싶은 나룻배가 햇살에 졸고 있다. 단걸음에 내려간 나는 그만 깜짝 놀라 제자리에 서고 만다. 빈 배려니 여겼는데 인기척이다. 누군가 팔베개를 하고서 곤한 잠에 빠져 있다.

'늙숙한 할아버지다.'

배는 요람처럼 물결에 흔들리고, 웃음은 할아버지 얼굴에서 출렁인다.

꿈을 꾸는 모양이다.

사공의 곤한 잠을 깨울 수는 없는 법, 나도 바위 하나 택해 오붓하게 자리를 잡는다.

강물에 씻겼는지 세월에 깎였는지, 여기서는 돌도 바위도 한껏 보드랍다. 엉덩이를 붙이니 물보다 포근하다.

피안과 차안

자유로이 오갈 수 있는 몇 안 되는 사람. 그 위로 한낮의 햇살은 은어처럼 반짝인다. 노인의 꿈은 은어를 따라 여울을 헤엄친다.

바구니 속 재첩은 굵기도 하다. 모래를 헤집던 소녀가 고운 돌로 물수제비뜨면, 청년은 방금 건진 참게며 쏘가리를 번쩍 들어 화답한다. 향긋한 재첩과 싱싱한 물고기, 넓디넓은 섬진강나루, 둘만의 만남에 어찌 재첩과 물고기만 오갈 것인가! 어찌 손길이 닿지 않으랴! 쏘가리 같은 기운찬 사내 손과 은어처럼 빛나는 소녀의 하얀 손이 부딪치면 잔잔한 강물도 한바탕 풍랑이 일고, 수줍게 어지럼이 인 것을, 심한 몸살이 나는 것을…….

아버지를 졸라 노를 잡았을 것이다. 앞마을 소녀를 태울 때마다, 멋진 사랑가 한마디 없었을까? 청년은 신랑이 되고 아가씨는 신부가 되던 꿈을 꾸며 이 강변을 걸었을 것이고 강은 오롯이 둘만의 속삭임을 지켜 주었을 것이다.

노인은 그래서 이 강을 떠나지 못하나 보다. 노를 저을 때마다 일렁이는 물결에 되살아나는 소녀의 방싯 웃는 모습. 어쩜 그 유년의 아름다운 꿈에 흠뻑 젖었나 보다. 소녀를 찾아 금방이라도 노를 저을 기세다. 꿈결에도 웃음이 튀어나온다. 온몸 구석구석 은빛 비늘이 돋는다.

그렇기를 한참, 할아버지는 굽은 등지느러미와 꼬리를 흔들어 물결을 거슬러 오르기 시작한다. 향긋한 소녀의 체취가 여태껏 남아있는 섬진강 맑은 물. 소녀가 속삭여 주는 따스한 목소리가 여울물에 실려 온다. 할아버지의 가슴은 뜨겁고 몸짓은 바쁘기만 하다.

그것도 잠시, 지쳤나 보다. 강변 한쪽에 이내 몸을 놓고 만다. 섬진강에 몸을 푼 지리산도 오수에 취했다. 지나는 구름도 지친 지리산의 하루를 이불인 양 덮는다.

은어는 쉬 출발하지 않는다.

아마도 저 물을 박차고 뛰어오르는 꿈을 꾸고 있을 게다.

맑고 깨끗한 여울에 집을 짓고 사랑을 했던 그 옛날,

그 아름다운 꿈을…….

밥알 하나

 식사를 마치고 나오는데 어머니께서 미적거리신다. 살짝 뒤돌아보니 무언가를 주섬주섬 담고 계신다.
 "어머니이!"
 아내 목소리 끝이 올라간다. 어머니는 봉지를 주머니에 우적우적 넣고선 태연하게 식당을 나오신다. 강아지 주시겠단다.
 밥이다. 밥알 하나라도 버리면 죄로 간다 하신다. 그러니 반 공기쯤 되는 양인데 어찌 죄뿐이겠는가. 지옥보다 더한 곳에 처해질 죄이다. 입버릇처럼 하셨으니 행동은 말해 무엇 하랴. 당신은 응당 해야 할, 양심을 지키는 일일 것이고 나아가 굶주린 채 잠 못 이루는 다른 생명을 생각하고 있음일 것이다. 어머니는 주머니 속 봉지를 뺏기지 않으려는 듯 더욱 꽉 잡으신다. 우리는 환한 얼굴만 보고도 어머니 심중을 알고 있다.

해거름까지 이삭을 줍던 때였다. 논바닥을 이리저리 오가며 나락 모가지를 줍고 나면 뱃속에서 꼬르륵 소리가 났다. 숟가락을 놓자마자 또 배가 고팠던 때다. 그때 꿈은 오직 하나, 실컷 먹는 일이었다. 창자를 채우기 위해 산 것 같다. 하나 풍요로워진 지금도 삶이란 배를 채우는 일이다. 상대와 싸우고 심지어 죽고 죽이는 전쟁도 실상 먹기 위함이다.

평화냐 전쟁이냐는 갈림길에서 이념이나 철학 따위는 실상 고고한 것이 아니다. 밥알 하나로 달라진다. 아무리 고고한 시인도 먹어야 살고, 사랑하는 이에 대한 증명도 밥상이 먼저다. 총알이 빗발치는 전장에서 싸우는 이유도 밥알이고 승패를 결정하는 것도 보급품인 밥이다.

지구 곳곳이 사느니 죽느니 아우성친다. 가만히 속을 들여다보면 그 중심에는 밥알이 자리 잡고 있다. 그 밥알 하나를 생산할 땅을 빼앗고, 또 지키고자 수많은 생명을 바치고, 천문학적인 군사비를 쏟아 붓는다.

북한에서 탈출하여 타국 땅에서 버려진 음식을 주워먹는 꽃제비들 모습은 가슴을 먹먹하게 한다. 앙상한 뼈를 드러낸 아프리카 어린이들 모습도 애잔하다. 그러니 승려였음에도 유교적 이념을 노래한 충담사의 "꾸물거리며 살손 물생, 이를 먹여 다스려져"라는 구절은 여전히 유용하고, 먹을 때는 개도 안 건든다는 속담 역시 지금도 진리다.

이웃 간에 서먹서먹해도 밥을 담 너머로 빌려주던 때가 있었다. 어머니는 밥이 부족하면 이웃집에 빌렸고, 이웃이 부탁하면 아랫목 이불 속에 넣어둔 아버지 먹을 밥이라도 빌려주시곤 했다. 밥통이 없던 시절, 따끈따끈한 밥 한 그릇이 이웃의 갈라진 틈새를 잘도 메웠다.

예전 나는 밥을 저항의 수단으로 삼은 적이 있었다. 어머니가 내 요구 조건을 들어주지 않으면 밥을 먹지 않겠다고 으름장을 놓곤 했는데, 기어코 내 입에 밥 들어가는 모습을 보아야 잠을 이뤘던 어머니에게 비열하게 오기를 부렸던 것 같다. 그래서 나는 단식하는 사람을 제일 싫어한다. 곡기를 끊겠다는 것은 죽겠다는 말인데, 그냥 다른 방법도 많을진대, 식음을 전폐하겠다니, 유치한 시절이 떠올라 단식의 '단'자만 꺼내도 그 녀석을 죽도록 패주고 싶어진다.

밥알은 씨앗이다. 밥알 하나 먹으면 난 내 몸에 씨앗 한 알이 심어진다. 콩밥을 먹으면 콩밭이 되고 밤밥을 먹으면 내 몸에 푸른 밤나무가 자란다. 내 몸은 수많은 씨앗이 뿌려진 밭이고 논인 셈이다. 밥알은 강아지도 먹고 참새도 먹고 심지어 똥파리도 달려든다. 우리는 모두 밥알 하나를 위해 노동하고 사유하며 인간으로 살아가고, 또한 신에게도 가장 거룩한 낱알을 바치니, 어쩜 밥그릇이야말로 가장 경건한 그릇인지 모른다.

그런 밥알이건만, 난 여태 밥을 그다지 고마워해 본 적이 없다. 오늘 하루 내 목구멍으로 몇 개의 밥알이 넘어갔는지 헤아려 본 적이 없다. 매일 세 번, 거르지 않고 밥을 대하건만 그렇게 애면글면 찾다가도 배가 차면 까마득히 잊고 돌아서 버린다.

그 밥 한 숟가락은 수십 개 밥알로 채워졌고, 또 한끼의 밥그릇은 또 수십 숟가락으로 되어있건마는 여태 밥 한 그릇이 몇 숟가락쯤인지, 한 숟가락 속에 몇 개의 밥알이 들어있는지도 모르고 살아왔다. 참 용감했고 지금도 용감하다.

집이 가까워져 오는데도 어머니 손은 여전히 주머니 속 봉지에 있다. 우리는 어머니의 넉넉한 얼굴을 보고 이미 알고 있다. 어쩌면 그 밥은 내일 아침 당신 상에 오를지 모른다.

남행열차

열차는 밤에 타야 제맛이다. 어느 시인의 시 구절처럼,

    자정 넘으면
    낯설음도 뼈아픔도 다 설원인데
    단풍잎 같은 몇 잎의 차창을 달고
    밤 열차는 또 어디로 흘러가는지

지친 사람들 표정은 한없이 무겁다. 깜깜한 어둠 속을 질주하는 기차에서 어쩌면 한 치 앞도 보이지 않는 혼돈 속으로 달려가는 자신의 모습을 보는지 모른다.

영화나 드라마 마지막 장면이 기차인 경우가 많다. 폭주하는 기차, 어둠, 그리고 한정된 공간에서 벌어지는 장면은 스릴

만점이다. 가난한 사람들이 끝 모를 어딘가로 가는 절박한 심정과 병치시키기에 맞춤이다. 그래서 여행할 때면 일부러 밤 열차를 탄다. 간혹 생이 지루해서 졸릴 때면 기차처럼 폭주해 보고 싶고, 누군가가 미치도록 보고 싶으면 기차의 요란한 기적소리처럼 차창 밖으로 목이 터지도록 그 사람을 호명해 보고 싶어 밤 열차에 몸을 싣는다.

그 옛날, 배고픈 첫째를 싣고 떠난 남행열차는 둘째가 크자 방직공장으로 싣고 올라갔다. 두바는 시바를 동대문시장 장터꾼으로, 시바는 니단이를 신림동으로, 오단이를 청량리로 데려갔다. 어머니만 홀로 남겨두고 모두 데려간 남행열차, 난 그 남행열차를 탄다. 그래서인지 열차를 탈 때면 절로 슬퍼진다. 기차는 칸마다 낭만과 귀향의 꿈을 싣고 달린다는데, 유독 남행 열차는 슬픔을 싣고 달렸던 것 같다. 슬픔의 무게 탓일까. 느릿느릿 가는 남행 열차에는 가난과 서러움이 덕지덕지 묻어나는 것 같다.

84년 초여름, 광주역에서 입영열차를 탔었다. 몇 해 전 5월, 전남대에서 나를 조준한 총알을 피해 광주역 철로 사이로 허겁지겁 도망쳤던 내가 그들과 같은 옷을 입고 같은 총을 들려고 간다는 게 참으로 서글펐다. 그래서 군대 생활 내내 나는 "그대 가슴에 얼굴을 묻고 오늘은 울고 싶어라." 김수희 씨의 〈애모〉를 따라 부르며 슬픔을 붙잡았었다. 우리 부대원들도 구슬픈 〈애모〉를 군가처럼 씩씩하게(?) 따라 불렀다. 〈남행열차〉는 그때, 나온 노래이다. 〈비 내리는 호남선〉이나 〈목포의 눈물〉과 가사는 유사하나 리듬은 빠르고 경쾌하다. 슬픈 내용을 밝은 율동으로 잘 감춘 노래다.

그래서 친구들과 술 한 잔 마시고 얼큰하게 취하면 누구 할 것 없이 "만날 순 없어도 잊지는 말아요." 하면서 목이 터지도록 〈남행열차〉를 불렀었다. 막걸릿집에서 자취방에서 심지어 야구장에서조차 〈남행열차〉는 브레이크가 없었다.

〈남행열차〉에는 서정적 소재가 칸칸이 실려 있다. 비, 기적 소리, 흔들림, 눈물, 만날 수 없는 사랑까지 통속적 어휘는 모두 싣고 달린다. 삶이란 통속적인지 모른다. 눈물과 사랑이 없는 삶이 어디 진짜 삶인가.

어떤 사랑이었는지 가늠할 수는 없다. 하지만 사랑했고, 다시 만날 수 없고, 잊지 말아 달라는 당부가 구슬프다. 연인의 행복을 빌어주는 세레나데 같다.

그런데 어느 순간 그 노래를 부르다가 문득 눈물이 흘러나왔다. 내 몸 어딘가에 숨어 있는 연인, 아니 5월이 〈남행열차〉 노래에 깨어 눈을 뜨는 것이 아닌가. 그리고 지금 무얼 하느냐고 목을 조르는 것 같았다.

목이 터지도록 외쳤던 만큼이나 오랫동안 침묵했고, 치열하게 싸웠기에 많이도 죽었고, 너무도 사랑했기에 철저히 미움을 받았던 5월, 그때 만난 그 사람, 말이 없던 그 사람, 만날 순 없어도, 만날 순 없어도…

침묵할 수밖에 없었고, 만날 수 없으며, 잃어버린 첫사랑은 어쩌면 5월의 그 사람이 아니었을까. 그래서 우린 모두 목이 메도록 부르고 있는지 모른다.

그 많던 금지곡 속에 낄 법도 한데, 너무 평범한 대중가요로 위장을 해서, 그들의 총칼을 피해 시민들 속에 위장해 있는 시민군 같기도 하고, 어디 암매장을 당한 시신처럼 의미도 암매장해 있는 것 같다. 하여간 웃어도 웃음이 아니고 울어도 눈물이 아닌 노래가 있다면 〈남행열차〉일 것이다. 몸을 흔들어도 춤이 아니고, 웃어도 즐겁지 않은, 아무리 부르지 말아야겠다고 다짐해도 저절로 터져 나오는 노래, 〈남행열차〉는 또 다른 남도의 노래, 오월의 노래는 아니었을까.

악다구니를 쓰며 부르는 노래는 노래가 아니다. 〈남행열차〉는 노래가 아닌 몸짓이고 몸짓이기 전에 사랑이었다. '만날 수 없지만' 결코 '잊을 수 없는' 영원한 사랑 말이다.

아버지 술잔은 절반이 침묵

 혼자 술 마실 때가 많아졌다. 혼자 마시면 여럿이 마실 때보다 훨씬 가슴 깊이 술이 내려간다. 그래서 뜨겁다. 목을 타고 사르르 내려가는 감촉을 느끼는 순간, 그 술은 순간 심연에 감춰진 선친先親의 목으로 흐르고, 그러면 어느새 나는 아버지와 잔을 나누고 있다.
 아버지는 늘 뒤처져 걸었다. 앞서는 법이 없으셨다. 농사는 거개 밤이 늦도록 했고, 일을 마치고 뒤를 돌아보면 아버지 등 뒤로 휘영청 밝은 달이 떠오르곤 했다.
 달을 한 짐 지고 오시는 아버지, 금가루 같은 달빛을 밟으며 아버지 그림자가 이끄는 대로 고단하게 돌아오곤 했다. 힘들지 않은 시대가 있었겠는가마는 오늘날에도 아버지는 자식들의 화려한 주연 무대가 끝나고, 사모곡까지 끝난 후, 관객 뒤편에 아버지만 쓸쓸히 앉아 계시다. 표정 없이 말도 없이, 아버지는 왜 마지막 장면까지 혼자 계신 걸까.

> 울 아버지 산소에 제비꽃이 피었다.
> 들국화도 수줍어 샛노랗게 웃는다.
> 그저 피는 꽃들이 예쁘기는 하여도
> 자주 오지 못하는 날 꾸짖는 것만 같다.
> 아 테스 형 아프다.
> 세상이 눈물 많은 나에게
> 아 테스 형 소크라테스 형.
> 세월은 또 왜 저래…

대중가요, 막걸리 한잔과 〈테스 형〉을 듣고 있노라면 돌아가신 아버지가 술잔에 어른거린다. 이 시대 50~60대 남자들에게 슬픔과 아쉬움, 애잔한 연민을 불러오는 울컥한 언어가 아버지다. 그래서 아버지 흉내를 내서 홀로 술잔을 비우고 눈이 벌게지도록 울고 나면, 조금이나마 마음이 가라앉는다.

아버지 하면 술잔과 눈물이 떠오르는 것은 아버지 이름 속에 우리 슬픈 현대사가 담겨 있기 때문일 것이다. 가족을 지켜야 했기에 앞서거나 앞설 수 없었던 고단한 아버지들. 당신들의 굴곡진 삶이 등으로 굽은 아버지, 아버지를 부르는 것은 가난과 회한 그리고 이념을 한꺼번에 불러내는 일이기에 아버지에 대한 호명은 그 시대를 불러내는 것만큼 아프다.

> 어렸을 때 겪은 일이지만 난 아주 기분 나쁜 기억이 있다. 6·25가 터지고 나서 우리 고향에는 한동안 경찰대와 지방 공비가 뒤죽박죽으로 마을을 찾아들었다. 어느 날 밤 경찰인지 공빈지 알 수 없는 사람이 우리 집까지 찾아 들어와 어머니하고 내가 잠들고 있는 방문을 열어젖혔다. 눈이 부시도록 밝은 전짓불을 얼굴에다 비추며 어머니더러 당신은 누구의 편이냐는 것이었다. -〈이청준, 소문의 벽〉-

아버지들은 해방과 미군정 그리고 한국전쟁의 어느 매듭을 거쳤던 세대이다. 가난보다 더 비참한 4·3과 여·순이라는 대립과 반목, 5·16쿠데타와 지독한 유신, 전두환 독재를 굴욕적으로 견뎌내야 했던 악몽과 몸부림이 들어있다. 너무도 잔인해서 인간의 내면을 파괴해버린 것들, 지금은 휘발해 버리고 덮여버린 강요와 몰살, 그 속에서 침묵이 유일한 방법이었던 고통스러운 고뇌가 술잔에 들어있다.

그래서 아버지는 늘 가족을 살피느라 앞서는 법이 없었고 섣불리 선택하는 법이 없었다. 항상 뒤에서 가족이 무사히 앞길을 헤쳐나갈 때까지 호위무사가 되어 위험을 지키는 존재 말이다.

아버지의 술잔을 보며 모름지기 이 땅의 주인이 누구였고, 누구였어야 했는가를 생각해 본다. 늘 뒷전에 물러섰던 우리들의 아버지, 그들의 술잔은 절반은 한숨이고 나머지 절반은 침묵이었을 것이다. 이데올로기 광풍이 휘몰아쳤던 시대, 인간의 존재에 대해서는 말할 것도 없거니와 부모나 자식에 대해 미안함을 침묵으로 채울 수밖에 없었던 아버지들이었으리라.

아버지, 이제 대부분 생을 마감하고 마을 뒷산에 계신, 회오리쳤던 강줄기를 건너온 남자들, 남아일언 중천금으로 침묵을 강요받았던 이 시대 대부분 입이 없는 아버지들을, 술잔 속의 한숨과 회한 그리고 침묵을 읽는다.

오늘도 혼자 술을 마신다. 아버지를 만나기 위해서다. 그리고 아버지 삶을 읽는다. 눈물과 침묵으로 깔린 아버지 술잔이 피안의 세계에서는 이야기꽃, 웃음꽃으로 가득 넘쳤으면 좋겠다.

의자현義自見

"그게 공로상이지, 왜 작품상이야."

문학 동우회 시상식 뒤풀이 자리였다. 늘 시상식 뒤는 수상자가 도마에 올려진다. 협회 활동을 열심히 하고, 작품성도 갖춘 작가인지라 마음이 불편했다. 결국 뒷자리는 개운한 자리가 되지 못했다. 낯을 붉히기 전에 먼저 슬며시 일어섰다.

새해가 제법 지났건만 올해도 여전히 조용할 날이 없다. 기성세대와 젊은 세대가 다투고, 남녀가 서로 편을 갈라 다툰다. 자영업자들은 죽겠다고 하고, 병실이 부족한 와중에도 누군가는 몰래 모여 자기들만 구원을 얻겠다고 한다.

거기에 선거가 겹쳐서인지 진보와 보수가 상대를 비방하느라 악머구리를 질러댄다. 욕 잔치, 헐뜯기 대회를 보는 것 같아 정신이 혼미해진다. 검사나 의사들의 한심한 작태에 화가 치

민데다 못난 정치인과 국회의원들만 뽑은 것 같아 자괴감이 든다. 따뜻한 이야기는 그들의 고성에 가려 꿈속에나 있을 성 싶다.

겨울비라도 오려는지 밖은 마음처럼 희끄무레하다. 낭떠러지 앞에 선 양 답답하다. 집까지 가려면 제법 밀릴 것 같다. 붕어빵을 사들고 얼마를 가니 요금소다. 붕어빵 하나를 건네고 잔돈을 받는데,

"월척 낚으셨나 봐요?"

아주머니가 환히 웃으며 인사를 건넨다. 밝게 웃는 얼굴이 힘차다. 모두 아파트값이나 생활용품이 너무 올랐다고 아우성치는데, 통행료 요금소만은 절해고도인가 보다. 아니 교도소라고 여겼는데, 저기만 이상향 같다. 협소하다 못해 숨도 못 쉴 것같이 좁아 보이는 데 저리 평온할까. 일에 몰두해서일까. 생계가 절실해서일까. 다른 이유가 있을까.

순간 읽었던 책이 떠오른다. 미국 금문교 통행료 요금소에서 파티를 열고 있는 사내 이야기다. "하루도 지겨워서 못 견딜 그런 좁은 공간 안에서" 그도 "난 혼자만 쓸 수 있는 사무실을 가진 셈이고, 또한 사방이 유리로 되어서 아름다운 산들을 구경하며 월급을 받는다며 짬짬이 춤 연습을 하는" 요금소 안에서 신나게 춤추는 사내의, ≪마음을 열어주는 101가지 이야기≫ 이다.

순간 그 아주머니가 장자로 보였고, 문학상 하나 가지고 낯

을 붉힌 친구와 나는 달팽이 뿔 위에서의 목숨을 걸고 싸운 속 좁은 사내 같았다.

어쩜 수많은 병아리들은 서로 다르다고 뽐을 내지만 우리가 보기엔 똑같은 병아리인 것처럼, 아옹다옹 다투는 백인이나 흑인, 유색인종도 먼 곳에서 보면 똑같은 사람일 터이다. 하물며 깨알보다 작은 것 가지고 허구한 날 마주치면 싸우는 인간들을 어떤 존재가 넓은 시각으로 본다면 얼마나 개탄스럽고 한심할까.

얼마 전 살던 곳 앞에 아파트가 들어서서 전망을 가린다고 이사를 했다. 고작 그 작은 것조차 방해물로 여긴 나를 아주머니가 알게 되면 나 역시 달팽이보다 더 한심해 보일 것이다.

그런데 피식 웃음이 나온다. 실상 나도 저 아주머니 마음을 조금 헤아릴 것 같다. 이사한 덕분에 난생처음 작은 서재를 얻었다. 옷장 옆에 한 평 남짓 공간에 마련한 서재이다. 의젓하게 서재 팻말까지 지었다. 의자현, 백제의 의자왕이냐고들 하지만 독서백편의자현讀書百遍其義自見에서 땄다. 오는 손님마다 어찌 이런 토굴 같은 곳에서 사느냐고 웃지만, 지금껏 좁다고 여긴 적이 없다. 퇴근 후, 이곳에서 3시간은 "겨울은 한 해의 여가이고, 밤은 하루의 여가이고, 오랫동안 계속해 내리는 비는 한 때의 여가(冬者歲之餘, 夜者日之餘, 陰雨者時之餘也)"처럼 책 읽으며 세 가지 여가(當以三餘)로 훌쩍 보낸다. 내 상상의 공간, 1평은 이 세상 어디보다 광활하다.

아주머니와 사내가 동행하는 것 같아서 만면에 미소를 띠고 느긋하게 귀가한다. 그리 보면 인간의 상상력은 무한하다. 좁고 넓음을 눈으로 측정하는 자는 하수이다. 장자처럼 마음으로 세상을 읽어야 고수다.

누군가에겐 바다도 물 한 컵보다 작고, 우리 인생이 부싯돌 불빛같이 찰나에 불과할지언정, 난 지금 의자현 1평이 광활한 우주보다 더 넓고 크다.

남광주시장 연가

 백화점은 아무래도 물건 중심이다. 사람보다 손님 주머니 속에 든 돈이 더 중하다. 내부도 상품이 잘 보이도록 물건 중심으로 꾸몄고, 사람들도 그 상품을 중심으로 모이고 흩어진다.
 시장은 물건을 거래하는 점에서는 같지만, 누가 보아도 사람이 중심이다. 백화점이 물건 사이를 헤치고 다니면서 상품을 찾는 곳이라면, 시장은 사람 사이를 누비고 다니면서 상품을 찾는 곳이다. 백화점은 고기는 있으나 푸줏간이 없고, 생선은 있으나 비린내가 없으며, 망치와 호미는 있으나 대장간이 없는 곳이다. 옷과 구두는 넘쳐나나 재단사와 수선공이 없으며 양주·맥주 없는 술이 없을 정도이나 진정 노랫소리가 없는 곳이다. 백화점이 없는 물건이 없는 곳이라면 시장은 없는 사람이 없는, 남녀노소 빈부 여하를 막론하고 누구나 있는 곳이다.

가공되고 포장된 백화점과 달리 남광주시장에는 살아 있는 것들이 오고 간다. 언제나 머릿고기가 펄펄 끓고 생닭이 튀겨진다. 검붉은 흙이 묻은 도라지나 쪽파가 손님을 기다리고, 보성·완도에서 올라온 주꾸미와 신안 바다에서 뛰놀던 병어, 오리·닭이 산 채로 거래된다. 멀쩡한 것보다 어디 한쪽이 좀 깨진 양파나 감자가 더 많이 널브러져 있는 곳이다. 물건에는 상표도 가격도 없지만 서로 입과 입을 통해 사는 이나 파는 이 모두 불만 없이 물건을 주고받는다. 때론 고성도 오가지만 흥정이 끝나면 유들유들해지고 단골이 되어 더욱 관계가 단단해지는 곳, 족발 굽는 냄새와 튀밥 튀는 소리가 들려오고, 날이 저물면 한두 명쯤 몸을 비틀거리며 떠나가고, 어둠 너머로 막걸리 냄새가 풍겨 오며 〈남행열차〉 노랫소리가 들려오는 곳, 그곳이 남광주시장이다.

　남녘 고흥과 장흥 보성에서 시내로 오는 도로가 남북으로 이어져 있고, 목포와 나주, 해남에서 광주역으로 가는 기차가 동서로 이어져 만나는 십자로 바로 옆 남광주시장. 지금은 사라졌지만 기차가 지나갈 때면 광주와 화순을 잇는 넓은 도로에 차단기가 내려졌고 긴 꼬리를 흔들며 기차가 지나가면 혹여 아는 사람이 타고 있을까 찻간의 사람을 자세히 살펴보곤 했다. 간수가 서둘러 차단기를 올리면 차들은 건널목을 바삐 지나갔다.

　그랬다. 그 기차는 남광주역에서 가장 오래 멈춰 섰다. 열차가 희뿜한 입김을 토해내면 새벽에 올라온 사람들이 남녘 바다에서 건져 올린 싱싱한 수산물과 들녘에서 애지중지 가꾼 농산물들을 머리에 이고, 지게꾼들은 지게에 실어 내렸다. 남광주시장은 바다와 육지가 만나는 광주의 유일한 기수역(汽水域)이었다. 갯내 나는 사내와 흙내 나는 아낙이 만나서 꼬막 안주에 구성지게 육자배기를 부르며 삶의 애환을 노래하던 곳이었다.

그곳에서 오랫동안 헤어졌던 친척도 만나고 그토록 보고 싶던 첫사랑도 만나는 곳이다. 뜻밖에 친정어머니를 만나면 딸은 꼭 감춰둔 비상금을 주머니에 몰래 찔러 주고, 어머니는 딸 손을 잡고 국밥집으로 가기 바쁜 곳도 이곳이다.

남광주시장 얼굴은 단연 홍어와 낙지다. 홍어는 코를 찐하게 쑤시며 다가오고, 낙지는 혀에 척 달라붙어 떨어지지 않는다. 사시사철 빠지지 않고 좌판을 차지하고 있는 홍어와 낙지는 질긴 남도 사람들을 많이도 닮았다. 몇 걸음 들어가면 진한 욕설과 농담이 있고, 노랫소리와 웃음꽃이 수시로 만발하는 곳에는 영락없이 홍어와 낙지가 있다.

남광주시장은 5·18 때 요지였다. 공수부대원들이 전대병원 꼭대기에 M60기관총을 설치하고 시민들 동향을, 건널목과 시장 사람들을 24시간 감시한 곳이었다. 도청을 지키려는 자와 빼앗으려는 사람들이 더는 물러설 수 없는 보루이자 경계, 낮에는 시민들이, 밤에는 공수부대원들이 점령했던 치열한 현대사의 거점이었다.

또한 이곳은 내 청춘이 있는 곳이다. 야자를 마치고 버스에서 내리면 밤 11시, 사위는 온통 깜깜했다. 자취를 했던 터라 집에 가면 반길 사람도 없었고, 연탄불은 꺼져 냉방일 터 걸음이 내키지 않았다. 그때마다 흩날리는 눈발 속에 시장 입구, 반짝이는 카바이드 불빛이 나를 보고 손짓했다. 부나방처럼 두 손을 호호 불고 포장마차로 들어가면 아이를 등에 업은 젊은 아낙이 늦도록 장사를 하고 있었다. 100원에 안주를 곁들여 소주 두 잔, 담배 한 개비를 주었다. 처음으로 혼술한 곳도 담배를 피운 곳도 이곳이다. 난 그렇게 혼자 술을 마시며 내면으로 성숙해졌고, 피비린내 나는 5월을 잊으려고 머리를 쥐어짰으며, 쓰디쓴 담배 연기를 내뿜어서 자꾸 덧나려는 5월의 상처가 아물도록 몸부림을 쳤다. 그렇게 고단한 청춘을 건넌 곳도 남광주시장이었다.

남광주시장도 많이 변했다. 그렇지만 여전히 힘센 낙지가 손님을 기다리고 홍어 냄새가 지나가는 객들을 유혹하고 있다. 주말에는 무등산에 갔다가 남광주에 들러 사람 냄새 좀 맡고 싶다.

삶의 은유

 인생은 꽃길만이 아니지만, 정글도 아니다. 평지를 지나 산을 넘고 또다시 들판을 만나듯이 우리는 그렇게 미지의 세상을 자기 방식대로 건너고 있다.
 봄과 여름의 싱그러움과 울창함, 가을 단풍과 백설의 겨울을 만끽하기도 하고, 사람들과 사랑도 나누고 상처를 주거니 받거니 하며 살아간다.
 누구에게나 삶은 하루, 하루 신비로움의 연속이다. 그러나 그 일상이 순탄만 하면 모험도 새로움도 반감될 것이다. 세상은 호기심 가득한 곳이지만 동시에 위험이 곳곳에 도사리고 있어서 정글 속 비경에 빠져 있는 동안, 뜻하지 않게 맹수를 만나고 지뢰를 밟기도 한다. 그런데도 앞으로 나아가는 자에게만 새로움을 보여주고 더 큰 생의 동기를 제공해준다. 도전

하고 나아가는 사람만이 자기 내면에 자신만의 진한 무늬를 새길 수 있는 것이다.

 탐스런 탐험일지라도 모험은 위험하기에 살면서 앞서 살아간 선각자들의 도움을 받는 것도 나쁘지 않다. 그들이 곳곳에 남긴 삶의 지도, 어두운 동굴 속 횃불과 같은 지도가 바로 삶을 응축한 은유이다.

 '소년이여 야망을 품어라.' 그다지 믿지 않았지만 돌이켜보면 그 시절 꾸었던 꿈으로 인해 지금의 내가 이곳에 있는 것이 분명하다. 때론 가난이, 때론 좌절이 꿈을 포기하거나 변경하라고 했을지라도 대부분 내가 선택해서 발을 들여놓은 곳에 내가 지금 있는 것이다.

 "사랑은 차가운 유혹", "눈물의 씨앗"과 같은 노래 가사는 사춘기를 넘는데 징검다리처럼 내게 유용했다. 실연당해 절망에 빠졌을 때, 나를 다음 돌다리로 건널 수 있게 해준 은유는 콕 찌르는 직유와 달리 곡선이고 여성적이어서 이렇게 부드럽고 잔잔하게 내 등을 토닥여주었다.

 "삶의 지혜는 종종 듣는 데서 비롯되고, 삶의 후회는 내가 말하는 데서 비롯된다. 말은 마음의 소리여서, 말 한마디가 그 사람의 품성을 드러낸다. 품성이 말하고 품성이 듣는다."는 구절에 무릎을 절로 친다. 말로 실수를 하여 곤혹을 치른 다음에는 신중하게 말해야겠다는 은유로 되돌아본다.

 "돌다리도 두들겨보고 건너라.", '과유불급'이라는 말은 성급

해서 실수한 후, 지나친 욕심으로 실패한 후, 뇌리 깊숙이 박힌 구절이다. 이후, 녀석은 서두르거나 욕심을 부리는 나에게 적절하게 제동을 걸어준다.

"스물에 게을러지지 않으려면 부모를 떠나야 하고, 마흔에 미련해지지 않으려면 부모를 떠나야 한다." 진정한 자립이 무엇인지 나를 후려친 은유이다. 이후 난 홀로서기에 심혈을 기울였던 것 같다. '삼인성호'나 '토사구팽', '구밀복검'과 같은 인간의 내면에 감춰진 비수를 보여주는 은유는 갑옷이나 방패로 내 몸을 보호해주기도 하였다.

중년이 되면 귀가 순해진다. "배우고 때로 익히면 또한 기쁘지 아니한가(學而時習之 不亦說乎)." "벗이 먼 곳에서 찾아오니 또한 기쁘지 아니한가(有朋自遠方來 不亦樂乎)." "남이 나를 알아주지 않더라도 성내지 아니하면 또한 군자가 아닌가(人不知而不慍 不亦君子乎)." 공자의 인생삼락에는 유유자적하게 세상을 사는 법이 들어있다.

우리가 직접 부딪히고 깨져가며 체험하는 것이 직유라면, 누군가의 말을 참고하여 조심조심 삶을 건너는 것이 은유다. 그래서 은유는 타인의 말에 귀기울이고 타인의 생각을 수용하고 포용하는 아량이 있어야 내게 온다.

간혹 중요한 순간을 지나치고 나서는 '지금 알았던 것을 그때 알았더라면.' 하고 한숨을 내쉬어 보지만 아무리 후회해도 소용없는 노릇이다. 대신 늘 늦지 않도록 나름 연마를 해야 할 것 같다.

"미네르바의 올빼미는 황혼에 난다."는 말처럼 늙고 몸이 쇠해지면 지혜로워진다. '제행무상', '무소유', "앞 강물은 뒤 강물에 밀려난다."는 은유를 통해 세상을 어느 정도 거리를 두고 바라보는 안목을 갖는다. 완도 해안가 공동묘지에 우뚝 세워진 '공수래공수거'를 온몸으로 받아들인다. 진리이고 또 진리이다.

삶의 은유는 때론 책 속에서 속담이나 노래 가사에서 심지어는 화장실 낙서에도 있다. 요즘은 술집에 가면 벽면을 주시한다. 누군가의 명언을 옮겨 적은 것도 있지만 간혹 자신의 삶을 명징하게 응축해 놓은 구절을 만나면 보물을 찾은 것처럼 기쁘다.

'만사에 감사하라.' 돌이켜보니 불평 많은 삶이었다. 힘겨운 삶도 감사하게 살아간다면 훨씬 덜 힘들고 더 행복할 것이다. 무사히 인생의 강을 건널 수 있도록 선지자들이 곳곳에 그려놓은 암각화, 어디에서는 어떻게 통과하고 또 어느 곳에 이르러서는 어떻게 하라는 지도가 삶의 은유이다.

빵이나 밥은 아니지만, 이런 은유들을 깊숙이 이해하고 체화하면 삶은 더욱 풍성하고 윤택해진다.

현자들이 남긴 그리고 사람들의 입에 회자하는 문구는 삶에 대한 깊은 통찰이 드러나 있다. 그들은 떠났지만, 그들이 세상을 꿰뚫어 보는 날카로운 사유는 천년이 지나도 우리 곁에 살아 숨쉰다.

낫을 갈며

 낫을 든다. 숫돌 위에 낫을 올린다. 집중해야 하리, 날을 세우려면. 무딘 심중으로 어찌 세우랴. 냉한 결기 아니고서 어떻게 갈고, 또 무엇을 벤단 말인가. 바위보다 무겁되 바람보다 날렵하게, 무엇보다 강단지고 누구보다 단호하게 날카로워져야 하리. 그렇게 숫돌 위에 낫을 올린다. 나를 올린다.
 힘을 가한다, 서서히. 밀었다 당긴다, 낫을.
 쓱싹쓱싹. 낫은 애달피 몸을 싣지만, 숫돌은 맵차게 밀어낸다. 다가감과 밀어냄, 남정네 거친 숨결을 밀어내는 아낙네의 완강한 몸짓 같은, 다가가되 닿지 못하고, 밀어내지만 내쫓지 않는, 포옹하되 껴안지 않는, 깊이 후벼파고 깊숙이 상처를 내야 더욱 선연히 돋는, 깎고 깎여야만 날렵해지는, 쇠와 돌의 애무는 애처롭다 못해 섬뜩하다.

베고 자른다는 것보다 가혹한 일이 있으랴. 살아있는 것을 단칼에 베는 일보다 더 고독하고 찬란한 일이 있을까. 하루 이틀, 아니 매일, 자르고 또 베야 하다니, 하찮지만 들판의 초목도 잎을 뻗고, 가시넝쿨도 쑥쑥 자라는데, 그깟 제 숨통 하나 부지하기 위해 다른 몸통들을 베야 하는 삶이라니, 얼마나 가혹하고 비참한가. 잘린 초목 위로 푸른 피 내음이 진동한데, 솟구치는 붉디붉은 욕망을 자르고자 제 심중에 해야 하는 칼질은 또 얼마나 잔인한가.

낫을 간다. 쓱쓱 싹싹! 둔중한 마음을 숫돌에 올려 지독하게 간다. 껍질이 벗겨지고 살이 도려내지도록 힘을 모은다. 허연 뼈가 드러나게 무쇠와 숫돌은 휘모리장단 따라 몸을 섞고 상대를 부수고 나를 부순다. 작두 위 무녀인 양 숫돌 끝을 오가며 자기를 깨부수어 시퍼런 날이 된다.

낫을 간다. 신중하게 각을 잡는다. 몸 중심을 잡는다. 조금만 눕혀도 날이 서지 않고, 약간만 옥갈아도 날을 버린다. 날카로움은 힘과 기울기에 달렸다. 각도를 잘 잡고 힘을 고루 준다. 여차하면 낫조차 버린다.

날을 세운다. 퍼렇게 세운다. 서릿발이 내리도록 몸은 뜨겁게 날은 차갑게 날을 벼린다. 베고 또 베도 솟아나는 내 안의 수많은 넝쿨을 베려면 심혈을 기울여 날을 세워야 한다.

쓰윽싹 쓰윽싹.

낫이 묻고 숫돌이 화답한다. 숫돌이 노래하고 낫은 춤춘다.

낫이 밀면 숫돌은 당기고, 숫돌이 끌면 낫은 버틴다. 날을 세운다. 흥과 한이 입 맞추며 날을 세운다. 나를 세운다.

낫은 피투성이고 숫돌도 피가 낭자하다. 화강암처럼 단단하거나 석고처럼 무르면 날은 서지 못한다. 맨가슴으로 받아들여 뼈가 드러나도록 날을 세우려면 숫돌도 피멍이 들어야 한다. 숫돌은 그렇게 자기를 버려 날을 벼리고, 낫 또한 예리해져 숫돌을 드러낸다.

숫돌이 뜨겁다. 물을 뿌린다. 날이 섰는지. 숫돌은 가슴이 깎이도록 쇠를 받아들이고 쇠는 또 날을 세워 숫돌에 보답한다.

작두 위에 무당이 날렵하게 몸을 싣듯 날 위에 엄지를 사뿐히 올린다. 만신이 작두를 타듯 날 위에 손을 내밀어 가뿐하게 날을 느낀다. 날카로움의 극치에서 생겨나는 꺼끌꺼끌하고 오톨도톨한 한 서슬, 날이 섰음이다.

시퍼렇고 번쩍이는 서슬, 그 서슬에 무언가 어른거린다. 굵은 땀을 흘리고 있는 비대한 사내, 무딘 사내다.

낫을 든다. 단칼에 자르려면 목이 맞춤이다. 모가지를 도마 위에 길게 빼서 쭉 내민다.

단칼에 베야 한다. 그게 예의다. 느낌 없이, 고통도 없이, 툭! 떨어져야 한다. 그게 칼의 자비다. 하수 검법은 단말마다. 숨을 멈춘다. 매섭게 내리친다. 동강 떨어져 나뒹굴도록 힘껏 내리찍는다. 나를 죽인다. 나를 깎는다. 무딘 심장을 예리한 칼끝으로 찔러 넣는다. 깊게 깊숙이 깊숙하게. 끝이 심장을 뚫고 뼈에 박히도록, 나태와 안일로 찐 살을 베고, 둔탁함과 무지로 채워진 삶을 후벼 찌른다. 아집과 교만으로 가득 찬 머리를 들이댄다. 나를 버린다. 지문을 깎고, 뼈를 깎고, 정신을 깎고, 나를 벼른다. 내가 없도록 나를 지운다. 나를 죽인다. 길게 뺀 내 목이 덜커덩 떨어져 나가도록 목을 향해 주저 없이 매몰차게 온 힘으로 내리친다.

포옹 연습

 극적인 장면에는 언제나 눈물과 포옹이 있다. 전쟁에서 생환한 병사들의 포옹, 격렬한 경기에서 승자들의 부둥킴, 돌아온 탕자를 끌어안는 어머니의 눈물, 포옹보다 더 진솔한 의사 표현은 없다. 둘을 하나로 만드는 결합양식 포옹, 포옹은 글자부터 포근하고 포실하며 옹골차다. 짧게 끊으면 '퐁' 하고 막힌 관계가 펑 뚫린 것 같고, 길게 발음하면 '포오오옹' 하고 연인의 애교 넘치는 방귀소리처럼 정겨움이 묻어난다.
 사랑이 알맹이라면 포옹은 격조 있는 포장, 포옹은 사랑에 가장 잘 어울리는 웨딩드레스 같은 것이 아닐까. 포옹을 가장 닮은 글꼴은 포용일 터고, 포옹은 그 형뻘이다. 포용이 머리라면 포옹은 가슴쯤 되고, 포용이 머리로 다가가는 만남이라면 포옹은 가슴으로 끌어안은 사랑 정도가 될 것 같다.

영화 속에서 주인공이 극적으로 만나 서로를 껴안고 빙글빙글 돌면서 행복해하는 장면을 보면 볼이 붉어지고 덩달아 가슴이 뛰고 울렁거려 어찌할 줄을 모른다. 강렬한 포옹보다 더 인간적인 것은 없다.

누군가 인간의 특징을 물으면 나는 망설임 없이 '포옹하는 동물'이라고 말한다. 포옹은 인간에게만 주어진 신의 오롯한 선물이기 때문이다. 사람 아닌 그 어떤 존재가 포옹을 할 수 있는가. 포옹은 아무리 가볍게 해도 뜨겁고, 아무리 격정적이어도 데는 법이 없다.

그럼에도 나는 포옹할 순간이 다가오면 망설여진다. 어디에선가 불쑥 냉철한 이성이란 녀석이 나타나 가로막는다. 하루 종일 노동에 시달렸던 그 시절, 어머니와 아버지는 자식들을 떼어놓을 수밖에 없었던 모양이다. 게다가 그 시절은 아무나 부둥켜안던 시절이 아니었다. 고리타분한 조선시대 이즘이 버릇없는 짓이라고 사람들을 가르쳤고 귀꿈스러운 산골에서 자란 우리들도 그렇게 배웠다.

포옹에 트라우마는 아버지를 배웅하는 그날도 마찬가지였다. 포옹으로 마지막을 보내드리고 싶었다. 오늘 못하면 영원히 못한다는 생각에 나는 용감하게 아버지 앞으로 나섰다. 숨이 떠난 아버지는 편안하게 누워계셨다. 아니 나에게 어서 입맞춤을 해달라고 속삭이듯 환히 웃는 것 같았다. 아마 당신은 그렇게 하면 겁 많은 둘째가 주저 없이 달려와 포옹을 해줄

줄 아셨던 것 같다. 하지만 나는 순간 망설였다. 아버지의 모습을 한 번 보고 그리고 주변 가족들을 또 한 번 바라보며 심중의 전쟁을 치르고 있었다.

　아버지는 계속 재촉하셨다. 어서 안아달라고, 너의 뜨거운 가슴으로 포옹해달라고…….

　더이상 눈치를 볼 겨를이 없었다. 내전이고 뭐고 일단 포옹하고야 말겠다고 작심하고 용기를 내어 아버지를 끌어안았다. 결코 놓지 않겠다는 결의를 다지고…….

　후회는 아무리 빨라도 늦다고들 했다. 왜 덥석 가서 안아드리지 못했을까. 아버지의 차가운 가슴에 따뜻한 피가 돌도록 왜 내 가슴을 들이대지 못했는가. 하필 그때 관이 덮인단 말인가. 한 개 한 개 또 한 개, 수십 개의 나무못이 관에 박히고 내 가슴에 박히는 동안 끝내 포옹하지 못했단 말인가.

　요즘 나는 포옹 연습을 하고 있다. 매일 매일, 청소를 하다가 빗자루를 붙잡고 포옹을 하고, 산책을 하다가 나무에게도 포옹을 한다. 아이들 생일 선물에 포옹을 하고, 길을 가다가도 허공을 덩그마니 껴안아 보기도 한다.

　빗자루에서 그리고 나무에서 상대의 심장 소리가 그대로 내 가슴에 전달되도록, 그 피가 옷을 뚫고 피부를 관통해서 다시 내 몸속으로 흐르도록 그렇게 난 지금 불쑥불쑥 마구마구 닥치는 대로 끌어안는 연습, 온 세상과 만나는 포옹 연습을 막 시작했다.

내 영혼의 징검다리

 밤하늘 성좌가 이리 부실까! 남실거리는 물결 속에 보석처럼 점점이 빛나는 수중 길라잡이. 서로를 밀어내던 땅과 하늘도 어둠을 틈타 신혼부부처럼 서로를 껴안는 밤. 희미한 불빛 몇 송이가 피안을 일러줄 뿐, 적막하기 그지없는 마을 앞 징검다리에 이르렀을 때는 늘 해가 저물고 밤이 되어서였다.
 소살소살 울어대는 살여울. 수정처럼 부서지는 밤 윤슬 사이로 사색에 잠긴 징검다리를 보고 있노라면 달빛과 암흑이 빚어내는 황홀경에 그만 울컥울컥 현기증이 났다.
 한 걸음, 한 걸음. 흡사 나비가 천국을 찾아가듯 그렇게 가볍게 강을 건너셨다. 이미 한 손엔 정녕 당신께서 당신의 홀로되신 어머니를 위해 준비했을 결코 가볍지 않은 물건이 들렸고, 등에 나를 업었음에도 사뿐사뿐 건너셨다.

어머니는 익숙하게 지느러미를 움직였다. 넓은 바다에서 그동안 얼마나 힘들었을까. 자궁 같은 모천을 향해 헤엄치는 어머니는 마지막 산란이라도 하려는 듯 필사적이었다. 그런 당신의 뜨거운 체온은 한발 한발 내디딜 때마다 고스란히 나에게 전해왔고, 대문 앞에서는 기어이 감정을 드러내고야 말았다. 그렇게 어머니의 목소리는 들떴고, 맨발로 마당을 뛰어나온 외할머니는 눈물부터 보이셨다.

언젠가부터 나 혼자 외가를 갔다. 그 푸른 징검다리 위를 폴짝폴짝 뛰는 재미가 이만저만이 아니었다. 아니 늘 관문처럼 서 있는 그 징검다리 앞에서 나는 나를 바라보며 나른한 청춘에 빠져들었다. 그러는 사이 나는 외할머니 옆집에 계집아이가 산다는 것도 알았고, 그 후 할머니 몰래, 다희 집 대문 앞을 서성거렸다. 싸리나무로 묶고 대나무로 엮은 울타리 너머로 다희가 제 엄마와 나누는 이야기가 내 귀에 속삭이듯 소곤소곤 들려오면 그녀의 순한 웃음에 풍덩 빠져 허우적거렸다. 그리고 나도 모르게 울타리 좁은 틈새로 보일 듯 말 듯한 그녀 모습에 도통 정신이 없었다.

언젠가 다희가 눈짓을 했다. 앞개울 둑으로 나오란다. 도둑고양이처럼 늦은 밤에 나는 강둑으로 향했다. 다희가 먼저 와 있었다. 우리는 약속이나 한 듯 강을 따라 걸었다. 달빛이 아무리 밝다지만 어둠을 밀어내는 데는 한계가 있었다. 풀잎이 푸석푸석 울 때마다 깜짝 놀란 다희는 바싹 내게 다가왔고 나는 괜스레 딴청을 피웠다. 그러기를 얼마, 빈 오두막이 보였다. 어쩜 다희가 눈여겨두었는지 몰랐다. 둘은 그곳에 나란히 앉았고 딱히 주고받는 말도 없이 오랜 시간을 보냈다. 실로 아름답고 황홀한 순간이었다. 산들바람에 실려 온 그녀의 긴 머리카락에 감전된 내가 손을 뻗칠 찰나였다.

"눈 감아……. 그리고 기다려!"

갑자기 다희가 자리를 차고 일어났다. 순간 나는 놀랐다. 그녀가 밭을 향해 들어가는 모습을 보고서야 안심이 되었다. 그리고 소변을 보나 보다 생각한 나는 수줍게 얼굴도 돌리지 않고 두 눈을 딱 감고만 있었다. 얼마 후, 내가 두 눈을 떴을 때, 내 앞에 다희가 커다란 수박 한 덩이를 두 손으로 떠받치고 있었다.

다희가 손으로 몇 번 내리쳤지만 번번이 허사였다. 어디 될 법이나 한 일인가. 내 주먹에도 꿈쩍하지 않았던 수박이다. 나는 다희에게 수박을 꽉 붙들도록 했다. 절대 흔들리면 안 된다는 말에 다희는 손도 부족해 두 무릎 사이로 수박을 꽉 붙들고서 고개를 끄덕였다. 나는 내 이마를 한 번 쓰다듬은 후, 머리를 1미터 남짓 들어올렸다. 다희도 눈을 찔끔 감았다. 그 다음, 나는 높이 쳐들었던 머리를 온 힘을 다해 내리찍었다. 수박을 향해, 아니 그녀의 무릎을 향해…….

"철퍼덕!"

다희가 내 귓불을 붙잡아 꺼내주었기에 망정이었다. 내 얼굴이 완전 수박 속에 박혀버린 것이었다. 우린 깨진 수박 조각을 들고 마음껏 웃었다. 다희의 고운 이가 가지런히 드러났다. 그런데 문제는 다음이었다. 자리에서 일어나던 다희가 그만 소스라치며 치마를 무릎까지 올리고 있는 것이다. 새하얀 주름치마가 수박 물에 온통 붉게 젖어있었다.

"나 몰라잉!"

연신 내 가슴을 향해 손 방망이질을 해대던 다희……. 나는 멍멍해진 가슴만 쿵쿵 앓은 채, 어찌할 줄을 몰랐다.

……징 검 다 리…….

아쉽게도 그 징검다리는 오래가지 않았다. 이듬해 방학, 또다시 내가 외가를 찾았을 때는 이미 커다란 다리가 놓여 있었다. 새마을 바람이 외진 마을도 그냥 두지 않았다. 다리는 짐차나 버스에도 꿈쩍도 하지 않았다. 마을 사람들은 그 튼튼한 다리를 통해 광주로 서울로 경쟁이라도 하듯 짐을 쌌다.

나보다 더 산골에 살았던 다희에겐 어쩌면 나도 기다려지는 존재였던 모양이다. 내 설렘만큼 그녀 또한 이방인에 대한 호기심과 설렘을 간직했던 것 같다. 어쩜 그녀 또한 나보다 먼저 찾아온 인생의 징검다리 중 하나인 가장 흔들리는 사춘기라는 돌멩이를 덤벙덤벙 건너고 있었는지 모른다.

그 이후, 나는 외가에 가지 않았다. 다희네도 부천인가 성남 어디로 이사를 가서 빈집뿐이었다. 외할머니에게 주소를 물어 볼까 생각도 했지만 나도 도시로 진학하기에 바빴다. 외할머니가 돌아가신 것은 훨씬 뒷날이었다.

　……징 검 다 리…….
　내 마음속에 아직도 푸른 강물이 흐르고 있는 징검다리. 푸른 이끼가 전설처럼 엉겨 붙은 내 영혼의 징검다리. 포클레인의 칼날에 찍힌 가슴은 얼마나 아팠고, 그토록 섬겼던 이들에게 버림받을 때의 심정이 어떠했을까. 눈길은 커녕, 외면이라니! 우람한 다리에 찬사를 연발하던 마을 사람들을 얼마나 원망했을까.

　정작 돌멩이 하나가 아닌 천 년의 역사가 일순간 사라지는 줄도 모르고 환호하는 사람들, 정작 그 튼튼한 다리가 그들의 정과 마음을 앗아갈 줄 어찌 알았단 말인가.

　눈을 감으면 지금도 그 푸른 물결 속 징검다리가 아련하다. 어쩜 다희가 긴 머리카락을 휘날리며 직녀처럼 통통 뛰어 내게 올 것 같은 징검다리, 그 가슴 벅참이 있기에 나는 행복하고 지금까지도 난 어린아이인지 모른다.

　오늘같이 그녀가 그리운 날에는 성남인가 부천 어딘가로 고속도로보다 더 끈끈한 징검다리를 하나, 둘 놓고 싶다.

2부

부탁
없음의 가치
마음으로 짓는 밥 한 공기
나에게 말 걸기
독수정 연가
타인
내 장례식장 가는 길
행복 방정식
종이비행기
술 그리고 아버지

부탁

　전화벨 소리다. 친척 결혼식에 다녀오라는 것이다. 오래전에 당신은 출입을 금하셨다. 당신에게는 연이 닿겠지만 나에게는 기억이 가물가물하다. 한사코 다녀오라신다.
　평소 "나는 빚두루마기"라고 입버릇처럼 하셨다. 예전에 우리 마을에 살았다지만 기억에도 없는 사람이다. 청첩장에 찍힌 통장번호로 성의 표현을 할 수 있다고 해도 한사코 다녀오란다. 당신께서 어렸을 적 마을을 돌아다니며 돈을 빌렸으니, 이 사람 저 사람 부탁하지 않는 사람이 없단다. 보증은커녕 차용증도 없이 그냥 돈을 빌려주었다며 그 고마움을 잊지 않으신다. 전답도 많지 않은 촌구석에 세 녀석이나 대학을 다녔으니 어찌 하루인들 돈이 궁하지 않았겠는가.
　나 역시 지금, 두 녀석을 근근이 키우고 있다. 아무리 생각해도 그 옛날 당신의 그 새벽 고샅길이 상상이 가지 않는다. 웬만큼 사는 집 큰아들도 중학교를 졸업하면 취직하기 바빴는데, 달랑 부지런함 하나로 여러 남매를 대학까지 보낸다는 무모함은 어디에서 나왔단 말인가.

누군들 매일 아침 돈을 빌리러 오는 여인네를 반겼겠는가. 가녀린 여인네는 또 어떤 용기로 이른 아침 길을 나설 수 있었을까. 아마 우리가 울먹이는 투정에 밤새 잠을 이루지 못하셨을 것이다. 자식 장래가 걸렸다는 확신이 없었다면 말이다.

돈이면 못할 일이 없는 세상이다. 여자 친구나 남자 친구가 되어주는 대리인 아르바이트도 있고, 결혼식에 가짜 우인들도 내세울 수 있단다. 심지어 며칠 동안 부인 역할도 한다고 한다. 그런데도 돈은 더욱더 빌리기 힘든 세상이다. 돈을 빌려달라는 것은 친한 친구나 친척일지라도 관계를 끊자는 의미로 받아들이는 세상이다. 이제 돈은 피보다 진하고, 황제의 권력처럼 막강해졌다. 이미 관계 위에 돈이, 사람 위에 돈이 놓여 있다.

돈이 힘을 무럭무럭 기른 사이, 나는 한없이 쇠약해 가고, 어느덧 아이들이 취업할 때가 되었다. 아내는 거듭 나를 붙잡고 부탁한다. 누구는 자기 아들을 어느 회사에 취직시켰다며 딸을 어떻게 해보란다. 가뜩이나 기를 펴지 못하고 사는 나는 그때마다 한없이 작아지고 가벼워진다.

부탁은 명령과 달리, 할 수 없는 사람이 할 수 있는 사람을 향해 내미는 손이다. 위쪽에서 아래를 향해 뻗는 손일지라도 지극정성이 들어있는 일종의 구조요청 같은 것이다. 청탁은 간절하나 구린내가 나고 요청은 일방적이고 독단적이다. 애원은 절실하나 형평성이 없고, 간청 또한 조금은 비굴해 보인다. 가볍지도 무겁지도 않은 그 어디쯤 있을 것 같은 부탁, 노회한 김구 선생이 젊고 혈기 왕성한 윤봉길에게 도시락을 전해주며 했을 것 같고, 팔리지 않는 그림을 보고 고흐가 동생 태오에게 했을 것 같은, 무엇보다 어머니가 시집가는 딸의 두 손을 꼭 잡고 힘주어서 했을…….

어쩌면 당신도 그러셨을 것이다. 부탁하기 전에 꼭 마음을 돌아보셨을 것이다. 무리한 것인지 아닌지, 상대를 배려한 것인지 아닌지, 무엇보다 진심이 담겼는지 아닌지.

붕어빵에 팥처럼 부탁에 꼭 들어있어야 할 것은 단연 마음일 것이다. 청탁이나 요청으로 흘러가지 않도록 존중과 신뢰를 담았을 것이다. 그래서 아무것도 없는 시골 아낙은 마을 사람들에게서 가장 어려운 것을 빌릴 수 있었을 것이다.

어머니는 지금도 나에게 부탁하신다. 이미 굽은 허리로 출입하기 어려운 당신이기에 그 시절 마음에 빚을 진 사람들에게 감사의 마음을 잊지 말라고 말이다.

사돈댁 조카 결혼식에 꼭 가 보거라. 조문 놓치지 마라. 병문안 꼭 가 보거라. 할머니 찾아보아라. 어머니의 부탁에는 상대의 마음과 영혼을 덥히는 체온보다 더 따스한 그 무엇인가가 들어있다.

없음의 가치

새해 첫날입니다. 아이가 넙죽 세배하더니, 예쁜 두 손을 내밉니다. 세 살배기 조카 손은 단풍잎같이 작고 예쁩니다. 하도 귀여워서 천 원짜리 두 장을 쥐어 주었습니다. 녀석은 방안 가득 웃음을 채우며 제 어미에게 쪼르르 달려갑니다.

작년까지만 해도 무슨 벌레라도 된 듯, 돈을 가장 무서워했던 녀석입니다. 그런데 웬걸요. 녀석은 다시 내게 성큼성큼 다가옵니다. 그리고 내 무릎 위에 무언가를 놓고 후다닥 가버립니다. 내 무릎 위에 천 원짜리 두 장만이 무안하게 낯을 붉히고 있습니다. 방안은 한바탕 웃음이 터졌습니다.

'그럼 그렇지, 사탕이라면 몰라도 돈을 알 리 없지.'

애써 흡족해하는데, 옆에 있던 이모가 한마디 거듭니다.

"아무리 아이라고, 요즘 세상에 천 원짜리가 뭐야? 삼촌, 애지갑을 보라고."

그때야 보았습니다. 녀석 허리춤엔 커다란 지갑이 다롱다롱 매달려 있습니다. 나는 금방 얼굴이 빨개졌습니다.

녀석은 내 지갑에서 꺼낸 만 원짜리 한 장을 가지고 제 어미에게 총총 달려갑니다. 녀석 얼굴은 금방 환해졌습니다. 방안에도 웃음꽃이 가득 찼습니다.

> '삼십 개 바퀴살이 하나의 곡에 모이는데, 그 텅 비어 있는 공간이 있어서 수레는 잘 굴러갑니다. 찰흙을 빚어 그릇을 만드는데, 그 텅 빈 곳이 있어서 그릇은 물건을 담을 수 있습니다. 문과 창문을 내어 방문을 만드는데, 그 텅 빈 곳이 있어서 방은 제 역할을 다합니다.
> – 노자, 도덕경 11장 –

세상 사람들 살아가는 방식은 늘 이렇습니다. 채우고 또 채워 넘칠 때까지 채웁니다. 마시고 또 마셔 토하도록 마십니다. 조금의 공간도 남겨두지 않는 것이지요.

노자께서 말씀하셨습니다. 비어있음으로 인해 굴러가고, 담기고, 누울 수 있다고 말입니다. 비어있음은 없음이 아닙니다. 말 그대로 있음입니다. 다만 비었을 뿐입니다. 채움의 대척점으로서 비어있음입니다. 비어있음이 없으면 채움도 없고, 충만도 없습니다. 공간의 미학, 없음의 가치이지요.

어린 녀석에게 채우기에 급급한 삶을 길들이기보다 먼저 채우고 비우는 올바른 지혜부터 가르쳐야 하지 않을까요.

결국, 나는 비운 것처럼 보이고, 녀석은 채운 것처럼 보입니다. 그런데 나는 비우지 못했고, 녀석 또한 채우지 못했습니다.

마음으로 짓는 밥 한 공기

 급식소에서 줄을 선 사람들이 투덜댄다. 배식이 늦어지고 있다. 까치발로, 배식을 준비하는 곳을 바라보니 여사님들 손길이 모두 분주하다. 자세히 보니, 한 분이 보이지 않는다.
 학교 급식은 4교시 타종 전까지 준비를 마쳐야 한다. 짧은 시간에 많은 양의 식사를 마련하는 여사님들 손길이 눈코 뜰 새 없다. 밥을 받으며 그분들에게 감사의 표시로 살짝 미소를 보낸다. 그러나 여전히 나는 오만하다. 최소한 시선은 맨 아래에 두어야 한다. 밥을 받고자 고개를 숙일 것이 아니다. 그분의 마음이야 헤아릴 줄 몰라도 손과 발은 볼 줄 알고, 몸 여기저기에 남은 흉터를 읽을 줄 알아야 한다.
 어린 시절, 하굣길은 늘 배가 고팠다. 우리 집 굴뚝에 연기가 모락모락 피어오르면 난 달리기 선수처럼 헐레벌떡 정재로 뛰어들곤 했다.
"엄마! 밥."
하고 달려가면, 솥에서 밥이 끓었고, 수증기 너머로 어머니께서 환하게 웃으시며 나를 반겼다.
"밥 먹자."
우린 모두 밥상에 동그랗게 앉아 열심히 그리고 부지런히 밥을 먹었다. 그리고 배가 부르면 마음도 밥처럼 따뜻해졌다. 언제 들어도 좋은 소리가 "밥 먹자."는 말이고, 가장 따뜻한 손길은 "밥 한 그릇 내미는 손"이다.

밥 한 알이 귀신 열을 쫓는다고 했다. 밥 한술이면 보약이 따로 없다. 세상에서 가장 듣기 좋은 소리가 자기 논에 물들어가는 소리와 자식 목구멍으로 밥 들어가는 소리란다. '밥알 하나에 땀이 일곱 근 반*이라는 시인의 말처럼 밥보다 중한 것이 없고, 임금의 하늘이 백성이라면, 백성의 하늘은 밥이라는 말도 틀림이 없다.

그런데, 아무리 밥이 중요할지라도 그 누군가 밥 짓는 수고로움이 없다면 우린 그 밥을 먹을 수 있을까. 농부들의 땀과 밥의 소중함을 이야기하면서도 정작 밥 짓는 이의 노고는 까마득히 잊고 살아간다. 내 앞에 밥이 차려지기까지 누군가 찬을 준비하고 국을 끓이고 쌀을 씻고 뜸을 들였을 것이다. 그러다 보면 한여름에도 펄펄 끓는 불과 씨름하고, 한겨울에는 차가운 물에 손을 넣었을 것이다. 지글지글 끓는 물과 이글이글 타는 불 없이 밥이 상 위에 오를 수 없다.

밥을 맛있게 먹으면서 정작 우리는 밥 짓는 사람의 노고를 잊고 살아간다. 밥 앞에서는 환히 웃으면서 그 밥을 짓는 사람을 모른다. 설령 알지라도 식모라고 깔보기까지 한다. 밥하고 빨래는 누구나 할 수 있는 일이라며 무시하고 얕잡아보는 것이다. 남자의 천직이 백정이었다면 여자는 식모라면서 백정이 썬 고기를 배불리 먹고 식모가 해준 밥을 걸신들린 듯 먹는 모순이 어디 있단 말인가.

지금까지 하루 세끼, 새참까지 끼니를 거르지 않고 먹었다. 간혹 라면으로 때우고 외식도 했지만 내가 손수 밥을 해 먹은 경우는 거의 없다. 그 많은 끼니 중 어느 한 끼니도 불필요하게 넘긴 적 없으면서 여태 나를 위해 밥을 해준 어머니나 아내, 식당 이모에게 고맙다고 말해 본 적이 별로 없다.

한끼라도 굶으면 잠을 못 자고, 세끼를 굶으면 군자라도 담을 넘는다는 밥. 먹는 데 십 분이면 족하지만, 짓는 시간은 넉넉히 열 배, 스무 배는 더 걸리는 밥. 밥 한 그릇이 놓이기까지 흥건히 땀을 흘렸을진대, 나는 따뜻한 밥을 먹고는 인색하고 야박하게 입을 싹 씻어 버리기 일쑤였다. 밥값을 냈다는 오만함으로, 매일 먹는 일상이라는 이유로 말이다.

우린 고개를 꼿꼿이 쳐들고 자유와 이상을 논하며 고고한 척 살아가지만, 그 누구도 밥 앞에서 비루해지지 않는 이가 없고, 또 고개를 숙이지 않고 밥을 먹을 수 있는 사람은 아무도 없다.

 만약 누군가 나쁜 마음을 먹고 몰래 내 밥에 독약을 넣는다면 어떨까. 독살에 대한 공포를 느끼고 산 고종은, 본인 앞에서 딴 캔이나 깬 달걀만 먹었다고 한다. 거기에 비하면 우린 아무 식당에나 들러 밥을 시키고 의심 없이 숟가락을 드니, 이 또한 얼마나 무지하고 무모한 일인가.

 그런데 간혹, 돌 하나 씹혔다고 밥 짓는 이를 원망하니, 머리카락 하나 나왔다고 온갖 법석을 떨고 악을 쓰며 밥 짓는 이를 쨰려보고 분노하지 않는가.

 수백 명의 식사를 몇 명이 준비하는 일은 쉽지 않다. 밥 짓는 일은 물과 불로 시작해서 불과 물로 끝날 만큼 힘들고 위험한 극한직업이다. 밥 한 그릇에 땀이 반 말이란 말이 과언이 아니다.

 밥을 먹고 나오면서 급식소 여사님께 슬쩍 물어보니, 한 분이 불에 데어서 급히 병원에 가셨단다. 마음이 애잔해진다. 흉터보다 더 무서운 것이 마음에 화상인지 모른다. 국에 덴 놈 냉수 보고도 놀란다. 밥은 불이 아니라 밥 짓는 이의 뜨거운 마음, 전기나 가스의 뜨거운 불보다 밥 짓는 이의 사랑과 열정으로 익는다. 여사님들의 퉁퉁 불어 터진 손과 발, 세상에서 가장 아름다운 손과 발을 본다. 그분들의 사랑과 희생이 식판 가득 늠늠한 웃음 한 근, 사랑 한 그릇으로 담기는 것이다.

오늘 식탁에 앉아서, 어떤 찬이 나올까. 맛은 어떨까 하는 비루하고 천박한 혀를 버리고 밥 짓는 이의 수고로움에 감사하며 마음 반 근*으로 숟가락을 들고 싶다.

---

* 공광규 시에서 인용.

나에게 말 걸기

　벚꽃 만발한 초사월. 아파트 주변은 온통 꽃 잔치다.
　식당으로 가는 50여 미터 거리에도 그는 두 번을 주저앉았다. 푹신한 소파, 아니 그냥 딱딱한 나무 의자도 아닌 길바닥에 털석 주저앉는다. 그가 앉은 길 위에는 벚꽃이 하늘거리며 꽃눈개비를 토해내고 있었다.
　식당 문 앞에 이르러서는 급기야 토하고 말았다. 나는 커다란 고목이 쓰러지는 것을 느꼈다. 그 여름 매서운 태풍에도 굳건했던 당산나무가 야금야금 파고든 벌레 한 마리에 보잘것없이 넘어졌던 것처럼 불길한 느낌이 들었다.
　식사를 취소하고 장소를 커피숍으로 변경했다. 그를 부축하고 자리에 앉히는 동안 헐렁해진 소매와 기력이 빠져나간 가벼워진 팔을 감지했다. 다행스럽게 자리가 안정되었는지 분위기가 그랬는지 기운을 냈다. 따끈한 차 한 잔에 기력이 생겼나 보다. 그는 쉴 새 없이 그동안의 병원 생활, 자신의 병이 희망이 없지 않다는 것과 의사나 간호사가 들려준 이야기를 재해석해서 설명해 주었다.

사람은 배만 고파지는 것이 아닌 모양이다. 그는 말이 고팠는지 시종일관 이야기를 했다. 나는 열심히 귀를 빌려주었다. 그는 설교하는 목사나 대학 강사처럼 말을 쏟아냈다. 제 몸에 갇혀 있었던 말들이 봇물 터지듯 쏟아져 나왔다.

병원에서의 생활, 그리고 자기 병의 진척 정도, 앞으로 자신에게 펼쳐질 몇 가지 가정들은 모두 자기에 관한 것이었다. 나는 이미 그 아내 이야기를 통해 조금은 그의 병에 대해 알고 있었다. 그는 왜 그 많고 많은 이야기를 하고 싶었을까. 그리고 왜 나는 그 어느 때보다 더 진지하게 그의 말을 들어주었을까, 아니 들어준 척했을까.

꽃이 피기는 어려워도 지기는 쉽다던 말을 믿지 않는다. 피고 지는 것 어느 하나 쉬운 것이 있으랴.

그를 바래다준 아파트 앞에 동백이 흐드러졌다. 꽃그늘 아래서 그는 제 고향 강진 백련사 애기동백 이야기를 했다. 그 동백에 비하면 아파트 앞 동백은 크지만 향기도 없고 일찍 떨어지는 꽃임이 분명하다. 그가 애기동백 이야기를 하는 그 순간도 애잔하고 쓸쓸했다.

나는 매사 말이 별로 없는 편이다. 대신에 나는 나에게 더 많이 말을 하곤 한다. 나는 늘 함께 있는 나를 마주보곤 한다. 그리고 말을 건다. 누구나 혼자 간다. 그러니 고독과 친해야 한다고. 익숙해져야 할 친구, 진짜 친구는 바로 나라고 매정하게 타인과 거리두기를 촉구한다. 고독한 또 다른 나에게 말 걸기를 통해 혼자 살아가는 연습을 한다. 어린아이가 걸음마를 걷듯 나도 이제 제2의 걸음마를 시작한다.

운 좋게 먼저 가면 좋겠지만, 세월이 가면 하나둘 주변 사람들이 내 곁을 떠나간다. 설혹 있다고 해도 다리에 힘이 풀리고 눈도 희미해지면 오가는 것도 불편해진다. 종국에 왕래가 뜸해지고 어두컴컴한 방 안에 혼자 있을 시간은 더욱 많아질 것이다. 혼자 있다는 것은 내면의 무수한 나를 만나는 시간이고 그들과 수없이 싸우고 화해해야 한다는 뜻이다. 보이는 적 못지않게 보이지 않는 내전을 치르는 것처럼 참혹한 전쟁도 없다. 기다림이건 고독이건 나는 나와의 답 없는 전쟁을 해야 한다.

삶은 한순간도 휴전이 없었던 것 같다. 젊은 시절, 상대방과 싸우는 전투는 그나마 쉬웠던 것 같다. 하지만 혼자 남았을 때, 내 안에 적을 향해 총을 난사하고 백병전으로 피투성이가 되었을 때도 나는 죽지 않았다.

꽃이 지면 무성한 그늘이 만들어진다. 이제 그늘에 가린 삶을 살아야 한다. 그 그늘에서 나 자신에게 말 걸기에 열중한다.

고독은 외롭지만 황홀하다. 나에게 말 걸기를 더욱 열중해야 한다.

그처럼 아직 뼈에 저리도록 아프지도 않았고 생명에 위기를 느껴본 적도 없다. 그처럼 절절한 고독도 느끼지 않았다. 이제 그가 떠나면 진짜 말할 친구 한 명이 또 떠나간다. 나는 더 나와 친해져야 한다. 내가 더 절실하게 나에게 말을 걸어야 할 이유이다.

독수정 연가

무등산 둘레길 들머리.

풍광 수려한 산음동 독수정獨守亭이 녹음에 잠겨있다. 시원한 물소리와 말매미의 고성방가, 산안개 그윽한 가파른 굽잇길. 독수정 오르는 길은 나무 목자로 어깨를 걸치고 열 십자로 가지를 펼친 고목들이 절창하고 있다. 우람한 원목들이 높이를 뽐내는 원림, 독수정에 오르는데, 어떤 일인지 맞은편 소쇄원은 사람으로 요란하고, 여기 독수정은 되레 소쇄하다.

매미 울음을 헤치고 원림으로 들어간다. 굽이굽이 가풀막을 오르자 눈에 들어온 숲속 궁전, 독수정이다. 패망한 고려를 홀로라도 지키겠다는 장수의 결기가 느껴질 만큼 작지만 옹골찬 위용. 독수정 마루 위에 무언가 나풀거린다. 누굴까. 사랑놀이에 흠뻑 빠진 다람쥐 한 쌍을 피해 살금살금 다가가는데, 댓돌 위에 덩그렇게 등산화 두 켤레. 낡았지만 가지런하다.

늙수그레한 남녀가 곤히 취해 있다. 처마 끝 서까래에는 목화송이 같은 구름이 무덕무덕 피어나고, 남녀의 숨소리가 새근새근 깊은데, 매미의 울음이 맵차다. 하산하는 길일까. 아니면 규봉을 향해 오르는 길목일까. 길 잃은 신선이 잠시 여기 수면에 빠진 것일 게다.

내 작은 발걸음 소리에 눈을 뜬 아낙, 새벽에 서울서 왔단다. 제주도 올레길 다음으로 택한 길이란다. 가벼운 행장, 강파란 몸매, 환갑을 넘었을까 아니면 그즈음일까. 반백의 머리카락이 바람에 휘청거린다. 이마의 잔주름이 계곡처럼 깊다. 무척이나 자연을 닮은 얼굴. 늙어서도 아름다운 것이 사람이구나. 사람과 정자, 오래되어도 아름답구나. 독수정에서 사색은 하늘만큼 깊고 푸르다.

문학소녀였단다. 〈사미인곡〉의 한 구절을 멋들어지게 읊는다. 옛 추억을 더듬어 오기에 맞춤이었단다.

"백두산, 설악산, 지리산 곳곳이 봉우리요 계곡 아닙니까. 허나 멋진 시를 품고 있는 산은 무등 말고 어디 있습니까. 무등이 곧 무릉이지요."

어디 계곡 없고 봉우리 없는 산이 있겠는가마는 인간미 넘치는 시와 노래가 있는 곳을 찾다 보니 이곳이었단다. 젊어서는 봉우리를 찾아 헤맸는데 거기엔 사람이 살지 않더라는 것이다. 세월이 흐르고 나이를 먹으니 절로, 낮은 곳을 찾게 되고 거기 옹기종기 풀꽃들이 피어있고 그 속에 생명이 살고 사람도 살더란다.

    부부인 줄 알았다. 중학교 때 짝으로 만난 첫사랑이었는데, 어쩌다 서로 각기 살았단다. 바짝 다가온 저승길, 지금부터는 동반하기로 했다며, 손을 꼭 잡고 사라지는 두 남녀의 꿈이 산음동 능선을 지나 신선대로 이어져 있다.

    다시 불어오는 매미 울음소리. 나무들이 수많은 이파리를 흔들어 말매미의 낭창한 노래들을 계곡 건너편으로 부지런히 퍼트리는 햇살 쨍쨍한 원림의 맹하.
    그들이 피로를 털고 간 마루에 나도 가만히 몸을 눕힌다. 장송 사이로 펼쳐진 쪽빛 하늘, 어쩌면 망망대해가 아닐까. 코발트 빛 물결과 새하얀 구름이 만들어낸 하얀 물거품. 어찌 이런 비경에서 독수를 품을 수 있단 말인가. 싸우다 죽든지 자결을 하든지 그 어떤 선택도 하지 못했던 사내의 번민, 그리고 몽니를 부리듯 독수를 결의하기까지 한 사내의 슬픔을 아는지 하늘도 날을 시퍼렇게 세우고 있다.

    북쪽을 향해 곡배를 할 때마다 또 얼마나 아팠을까. 모진 마음일지라도 무장해제시킬 것 같은 이 수려한 공간이 아니고서 어찌 망국의 한을 잊을 수 있으며, 마음의 상처를 다스릴 수 있었으랴. 그의 시퍼런 결기가 저리 푸르게 나뭇잎으로 돋아난 것인가. 이 숨막히는 절경 속에서 음풍농월하기보다 망국의 한을 곱씹었어야 했을 그도 낙원 속에서 낙원에 이르지 못했을 것 같다.

반생을 각기 살다가 기어코 다시 만난 두 남녀의 결합이 어찌 독수 없이 이루어질 사랑인가. 미움도 독수에서 생겨나고, 사랑도 독수에서 피어나는구나.

독수정에서는 사색도 혼자 해야 하고 통찰도 홀로 해야 한다. 그때보다 더 혼탁한 오늘, 지조와 절개는커녕 철학과 신념을 헌신짝처럼 버리고 살아가는 가볍고 천박한 시대, 나는 누구이고 내가 가야 할 길은 또 어디인가. 지금껏 독수하며 살아온 것이 무엇이었고, 앞으로 독수 해야 할 것은 또 무엇인가.

하산길에는 마음을 가다듬고 내면세계의 결기를 다지는 정자 하나 마음속에 지어야겠다. 힘겨운 시대를 헤쳐나갈 확고한 지향점을 가지고 살아간, 신념 또렷이 간직한 사내 하나 내 안에 들여야겠다.

정자 옆 호두나무에서 날다람쥐 한 쌍, 유심히 나를 지켜보고 있다.

타인

왜 갑자기 떠났을까.
그것도 몰래.
아니….
있어도 없는 듯 조용했다. 빈방처럼. 그런데 이젠 아무도 없다. 있어야 할 누군가가 없다는 생각으로 더욱 공허해진다. 혹여 급하게 떠날 수밖에 없었던 사연이 있었을까. 어떤 구원의 신호음처럼 딸그락 소리라도 들렸으면 좋겠다. 쫑긋 귀를 세워 벽으로 가져간다. 정적만이 돌아온다.

나름 정을 줬는데, 내 마음이 그들을 흔들기에 부족했는가 보다. 18년, 같은 날에 입주했으니 18년을 같이 산 셈이다. 낯선 도회지에서 이만하면 제법 오래 함께하지 않았는가. 그런 그 식구들이 홀연 이사했다는 소식을 듣고 여간 마음이 먹먹해지지 않는다.

창문을 연다. 그가 산 곳은 꼭대기 20층이다. 나는 19층에서 도시를 내려다본다. 수많은 집들이 서고 앉고 눕고 기댄 사이로 사람들이 분주히 오간다. 거미줄 같은 선들과 날을 세운 안테나들이 집과 집을 잇고 있다. 눈에 보이지 않지만 전파나 음파들이 또 그 사이를 잇고 있을 것이다. 성당과 교회들, 학교와 회사들 그리고 극장과 시장, 커피숍과 당구장 곳곳이 예식장처럼은 아니지만 서로 관계를 분주히 맺어주고 있다. 회사 친구들이 술집 들러 당구를 치고, 아낙네들은 성당을 나와 극장을 들렀다 시장에 간다.

사람들은 어떻게든 어깨를 기댄 채, 서로서로 경쟁이라도 하듯 관계 맺기에 연연하며 살아가는 곳 같은데 그 가족은 왜 그 연결고리를 끊었을까. 나는 오늘 제법 씁쓸해진다.

주말에 시골에 다녀오는데 아내가 깜짝 놀랄 소식이라며 전해준다. 위층 혁이네 식구가 이사했단다. 그것도 며칠 전에. 앞집도 옆집도 모르게 떠났단다. 워낙 조심하게 살아서 있는 듯 없는 듯 사신 분이었다. 싸우기는커녕 크게 떠드는 소리조차 듣지 못했다. 아이들도 조용하고 내외도 차분해서 늘 어렵고 고맙게 여겼다.

나는 곧잘 술을 마시면서 낯선 사람과 잔을 나누기도 한다. 어떨 때는 객기를 부리며 제법 깊은 이야기까지 나누기도 한다. 간혹 아래층으로 담배 연기가 내려왔지만, 우리가 담배를 피우지 않는다고 짜증을 내 본 적이 없었다. 애연가와 애주가의 간격, 딱 그 거리가 좁혀지지 않은 채, 눈인사만 오가는 타인이었다. 그렇게 차일피일 망설이는 동안 그는 이 도시 다른 곳으로 깊이 몸을 감춘 것이다.

나는 늘 관찰자라고 생각하며 살아왔다. 나는 관찰자이고 그는 관찰 대상이라고 굳게 믿으며 살아왔다. 그런데 그는 자주 창문으로 담배 연기를 내려보냈다. 창문 앞에서 담배를 피우며 여러 해 나를 지켜보았을 것이다. 내뿜은 희뿌연 담배 연기 사이로 늦은 밤 비틀거리며 들어오는 나를 그는 어떤 시선으로 바라보았을까.

나는 그래도 꽤쓸모 있는 녀석이라고 자위했는데, 나보다 남을 먼저 생각하고 살아왔다고 생각했는데 그러지 못한 모양이다. 좁은 승강기 안에서 담배 냄새 나는 사내와 술 냄새 나는 사내 두 녀석이 자주 마주쳐 함께 꼭대기 층까지 동행하는데, 그래도 취한 녀석이 먼저 말을 걸었어야 하는데, 술 한잔하자고 한마디도 하지 않는 내가 미덥지 못했을 것이다. 어쩌면 나는 그의 SOS를 외면해버린 이웃, 접근조차 어려운 지뢰였을지 모른다. 아주 나이 차가 많지 않은 선배, 간혹 과일이나 채소를 나누기는 하지만 빈 접시보다 더 가벼운, 자신이 싫어하는 술 냄새를 매일 풍기는, 그러면서 자신이 즐겨하는 담배 맛을 모르는 철학도 없고 사유도 없는….

어려서부터 부모님은 다른 사람을 먼저 생각하고 배려하며 살아가라고 하셨다. 이웃 어른들도 그리고 선생님이나 지인들도 한결같았다. 그래서인지 학창 시절에는 친구를 가장 중하게 여기고 살았다. 좀 커서는 첫사랑에 모든 것을 바쳤던 것 같다. 차츰 성숙해지면서는 직장 동료나 상사와 원만하게 지내는 사회적 관계를 소중히 여겼다.

그런데 그러는 사이 성장의 매듭마다 새로운 모습으로 바뀌고 변모해온 나를 발견하지 못하고 만 것 같다. 어항 속 물고기는 나인데, 내가 사람들을 관찰하고 있다는 착각, 그들의 시야에는 없는데 내가 중심이라는 오판, 수없이 바뀐 내 모습과 달리 조금도 변하지 않았다는 내 외눈박이 의식이 나를 눈멀게 한 것이다. 나에게 내가 진짜 타인이라니.

창문을 닫는다. 윗집이 텅 빈 것이 아니라 내 안이 텅 빈 것 같다. 집을 나간 것은 너무 오래된 고루한 내 의식이었던 것 같다. 타인에 중심을 두고 살아온 내 삶은 늘 변방을 떠도는 주변인이었다. 나를 바라볼 용기 대신에 타인의 이야기에 귀만 기웃거리며 살아온 것이다. 타자와의 관계에만 연연하다 진정 자아의 부재조차 알지 못한 빈 깡통이었다니….

이제 나를 찾아 나서야 한다. 내가 모르는 나, 내 안의 타자 말이다. 남이 알고 있는 나, 내가 모르는 나를 다시 찾아 나서리라. 쉽지 않고 먼 여정일지라도.

내 장례식장 가는 길

　장례식장에 가는 길이다.
　엊그제 가던 예식장 같은데, 최근 장례식 출입이 잦다. 장례식장 가는 길은 항상 마음이 무겁다. 하늘 장례식장이다. 어떤 상호가 좋지 않을까마는 이면의 어둠을 감추려는지 이름은 한껏 밝고 푸르다.
　꼭 한 달 전에, 지금 가는 장례식장을 갔었다. 혼자 가기가 머쓱하고 뜨악해서 그 친구와 동행했다. 사인은 트랙터 사고란다. 허망하게 자신의 존재를 지워버린 친구, 사진 속 녀석은 아직도 들판에서 일하면서 너털웃음을 짓고 있는데, 대체 무엇이 그리 바빠, 홀연 연기처럼 사라졌단 말인가. 친구와 나는 그 녀석이 누리지 못한 시간까지 우리가 나눠 가지자며 잔을 부딪쳤다. 고인에 대한 예의가 아니지마는 그렇게 하면 영정

사진 속 질투심 많은 녀석이 불쑥 나와 합석하자고 할 것 같았다.

근데, 그런데 그때 그 녀석이 이번엔 사자가 되어 그 장례식장에 누워있다. 참으로 어처구니없다. 어렸을 적엔 그토록 벗어나고파 했던 집이건만 무엇이 그리 좋다고 서둘러 귀가하겠다고 가속 페달을 밟은 모양이다. 내년에는 차부터 바꾸겠다고 좋아했는데, 그 차안이 이승에서 마지막이 자리가 되고 말았다. 녀석은 한 달 뒤에 이곳에서 자기 장례식이 치러질 것이라고는 꿈에도 예상치 못했을 것이다.

이번에는 동행 없이 혼자 간다. 혹여 사자가 나타나 나와 함께한 친구를 또 데려간다면 그 고통을 더는 견딜 수 없을 것 같다.

혼자 가는 조문 길은 역시 쉽지 않다. 스치는 지붕마다 배냇저고리가 휘날리고, 녀석의 혼을 부르는 소리가 들리는 것만 같다. 창문을 비추는 불빛이 새하얀 사잣밥처럼 첫사랑을 찾아가겠다던 녀석의 혈색만큼이나 창백하다. 냉동실 안은 또 얼마나 추울까. 아마 그가 그랬던 것처럼 어느 날 문득, 나도 그렇게 꽁꽁 언 동태처럼 냉동실에 들어있을 것이다. 며칠간 바싹 얼어 있다가 다시 이글이글 타는 뜨거운 불 속에서 몸을 녹일 때까지 그 고통과 답답함을 어떻게 견딜 것인가. 산고產苦보다 이승을 하직하는 길은 더 고단할 것 같다.

사자가 주인이 되어 마지막으로 손님을 부르는 곳, 내 장례식장은 어디일까. 누군가를 위해 그 언제 들른 그 한 곳이 내 장례식장일지도 모른다. 아직 짓지 않고 터를 닦고 있다면 그나마 다행이다. 하지만 이왕 누울 곳이라면 친구가 뜨겁게 덥혀둔 냉동실에 들어가는 것도 괜찮을 것 같다. 이글거리는 불 속에 죽어가면서도 끝까지 나를 깨어있는 주검으로 단련하고 싶다. 어느 화장터 쪼다가 내 뼈를 빻을 때, 나는 그의 손길에 남김없이 산산이 부서질 때까지 살아있고 싶다. 매일매일 살아간다는 것은 매일 죽어간다는 의미이기도 하다. 어둠이 빛을 더 찬란하게 만든 것처럼 죽음 또한 삶을 더욱 굳건히 세우지 않던가.

장례식장이 가까워질수록 가슴이 두근두근 뛴다. 녀석 숨소리가 들리는 듯하다. 어느 날 갑자기, 그 녀석이 찾아온다면 뭐라고 할 것인가. 너 왜 갑자기 왔느냐고, 나는 너를 맞이하기엔 준비가 되지 않았다고 애원해야 할까. 그렇다고 녀석이 순순히 물러설까. 내가 그래도 여러 차례 예고하지 않았느냐고, 네가 만취해서 비틀거릴 때, 독감에 걸려 병원에 갈 때, 너를 데리러 왔다 너보다 가족들이 더 불쌍해서 되돌아갔다고 항변하지 않을까.

갑자기란 없을 것이다. 내가 미혹해서 예측하지 못하거나 알지 못할 뿐이다. 이제 그가 오는 날을 아는 것, 그것이 깨치고 깨어있는 시간이다. 잘 살아야 잘 죽는다. 잘 죽었다는 것은 잘 살았다는 반증이다. 당하는 죽음이 아니라 맞이하고 싶다.

녀석이 오고 있다. 매일매일 한시도 쉬지 않고 오고 있다. 자고 게으름을 피우는 사이에도 오고 있다. 그러니 열심히 살아야 한다. 손발이 닳도록 머리가 허옇도록 달리고 또 달려야 한다. 그것만이 녀석에게서 가장 멀리 달아나는 길이다. 어떤 경우도 호상好喪은 없다고들 한다. 내가 헌옷을 벗고 새 옷을 입는 그 날은 영정사진 속에 활짝 웃고 있는 녀석 표정처럼 나는 껄껄껄 웃는 호상이도록 열심히 살아야 한다.

행복 방정식

　더하고 빼거나 나누거나 곱하는 반복 과정이 삶인 것 같다. 사랑은 더하고 슬픔은 빼고 행복은 곱하고 불행은 나누고 있다면 당신은 지금 당신의 인생 방정식을 제법 잘 풀어가고 있다고 생각하면 된다.
　모두 방정식을 잘 푸는 것은 아니다. 삶은 4차 방정식보다 훨씬 어려워서 답을 찾지 못하거나 오답을 내기 일쑤다. 심지어 알고 있음에도 당황해서, 때론 계산이 잘못되어 틀리기도 하는데, 감히 삶을 방정식에 비교나 할 법인가.
　올해도 우리나라 경제성장률이 세계에서 몇 단계 상승 또는 하락했는지 여러 가지 지표들로 우리는 기쁘거나 슬프게 할 것이고, 내가 사는 지역구나 직장 또한 삶의 여건 지수를 비교하는 것으로 인해 일희일비하기도 한다.

우리는 자주 누구와 비교해서 살아간다. 오죽하면 비교하는 인간(Homo Comparatives)이라고까지 하겠는가. 그래서인지 지금까지 어느 한순간이나마 타인으로부터 아니, 비교比較로부터 자유로운 적이 있었던가. 누구는 승진하고, 또 누구는 사업이 번창하고, 또 누구는 좋은 아파트로 이사하고, 좋은 차를 사고, 자식이 취업하고……

그런데 어느 날부터인가, 근자에 승승장구하던 주변 지인들이 퇴직하고, 작은 집으로 이사하고, 사업을 접고 심지어는 낙엽이 된 경우도 있다. 추락하는 것은 날개가 있다더니, 꼭대기에 오른다는 것은 내려올 때 훨씬 힘들다는 것을 외면한 것 같다. 더하기가 끝나면 뺄셈 인생이 기다리고 있다는 것을 망각한 모양이다.

새삼, 이즈음이면 누구나 잇속 빠르게, 영특하게, 눈치껏 사는 인생에서 벗어나 자유롭게 살고 싶어 한다. 온전히 타인과의 셈법을 중지하고, 한 번이라도 제정신으로 살고 싶지 않겠는가.

우리나라 사람들은 비교격 조사 '보다'를 습관처럼 사용하고, 반면 인디언들은 '만큼'이라는 한정된 조사를 즐겨 사용한다. 우리 부모들은 꼭 친구보다 잘하라고, 심지어는 1등보다 더 잘하라고 한다. 반면 그들은 누구만큼만 하면 되고, 심지어는 꼴찌만큼만 하면 된다는 격려를 한다. 우리의 비교는 한 사람만 행복할 수 있지만, 그들은 모두 행복해지는 비교를 하는 것이다.

 사람들은 각기 자신의 격을 만들어 가며 살아간다. 이른바 그릇이다. 자신의 처지, 곧 됨됨이를 알고, 지킬 것은 지키고 버릴 것은 개선해 나가는 것이 중요하다.

 그런데 상당수 사람은 분수도 모르고 자신의 가치를 지나치게 높게 잡고 잡아서, 중형차를 타고 다닌 사람이 소형차를 타고 다니는 사람을 보고 우쭐거리다가 대형차를 타고 다니는 사람을 보고 자신의 처지를 비관하고 그 사람을 부러워한다.

 마음에 갈등과 번민들은 대부분 비교로 인해 생긴다. 그 정도면 나름대로 잘 살고 있으련만 괜히 자기 위치를 망각하여, 터무니없이 더 좋은 것을 찾고 더 멋진 삶을 살고자 주식에 부동산에 무리하게 투자하다 패망하고 만다.

 오늘날 비교하지 않고는 하루도 살기 어렵다. 그러나 피할 수 없이 비교를 해야 한다면 '긍정적인 현명한 비교'를 하면 어떨까. 물질적인 것은 자신보다 못한 사람과 견주고, 정신적인 것은 자신보다 나은 사람과 비교하는 것 말이다. 자동차, 재산, 연봉, 아파트 등등은 나보다 못 가진 사람들과 비교하고, 도덕성, 정의감, 생활 태도와 습관 등은 자신보다 더 나은 사람과 비교하는 것 말이다.

 그러면 좀 물질적으로 부족해도 풍요로울 수 있으며, 정신적으로는 성숙하면서 늘 품격 있는 삶을 살 수 있다.

 비교를 통해 나의 품격을 높이고 삶의 질을 향상할 수 있다면, 이런 비교는 버려야 할 대상이 아니라 간직해야 할 소중한 가늠자이다.

그래도 비교를 피할 수 없다면 매일 자신과 견주면 어떨까. 자기와 비교하면 이익도 없으려니와 손해도 없을 것 같다. 대신 자신에게 빼거나 더해야 할 것을 자기가 가장 분명히 알지 않겠는가.

혼자 즐기는 힘이 고독이라고들 한다. 이제부터 고독을 곁에 두고 그간 풀지 못한 나에 대한 난해한 방정식 풀이에 몰입해야겠다.

.

종이비행기

 석류가 익어가는 초가을이었다.
 그녀가 전학 가는 날, 건들건들 바람이 불었다. 그녀 얼굴이 석류처럼 수줍음이 붉게 번졌다.
 오늘 곧장 서울로 간다고, 선생님께서 말씀하셨다. 모두 부러운 시선으로 그녀를 바라본다. 그녀는 가방을 멘 채 인사를 했다. 까만 단발 머리카락이 국숫발처럼 쏟아져 내려 잠시 그녀의 눈물을 가렸다.
 하나둘 인사를 했다. 그녀 곁으로 나는 가지 못했다. 멀리서 눈인사만 하려 했는데 눈이 마주치자 눈물이 울컥 쏟아졌다.
 그녀가 교정을 떠나는 그 순간, 나는 학교 옥상으로 올라갔다. 그녀를 태운 트럭이 가물가물 사라진 곳을 오래도록 응시했다.

파란 하늘, 하얀 구름. 살랑살랑 부는 바람.

첫사랑이었다. 그도, 그리고 나도. 우리는 서로 둘에게 분명 첫사랑이었다. 딱히 무엇인가를 정확히 표현하지는 못했지만, 짝이 된 동안, 시나브로 마음이 통했다. 하지만 그녀를 떠나보낸 내 마음자리에는 공허한 먼지만 풀풀 날렸다.

며칠 전 그녀가 준 종이비행기를 꺼냈다. 구겨질세라, 때 묻을세라 고이고이 책갈피에 간직했던 종이비행기였다.

"이깟 종이비행기 따위가 뭐야?"

나는 그 종이비행기를 힘껏 날렸다. 서울을 향해, 하늘 끝을 향해⋯⋯.

종이비행기는 바람이 미는 대로 포물선을 그리며 하늘 높이 솟아올랐다.

높이⋯⋯ 높이⋯⋯. 멀리⋯⋯ 멀리⋯⋯.

그녀에게서도 중년의 모습이 역력했다. 거친 세파와 질곡이 었을 것이다. 곱던 이마에는 주름살이, 까만 머리카락은 퇴색한 은빛이 군데군데 눈에 띄었다. 하지만 40여 년의 시간도, 광주와 서울이라는 공간도 가슴에 샘솟는 그리움의 샘을 어찌할 수 없었나 보다. 그녀가 자리에 앉으면서 입을 열었다.

"너 기억나니?"

"무슨 기억."

나는 일부러 시치미를 뗐다. 그러는 내 얼굴이 화끈거렸다. 딱히 무슨 놀이라고 할 수 없었다. 좁은 교실에서 그녀가 숨고 내가 찾았으니 일종의 술래잡기였던 셈이다. 교탁 뒤로 숨은 그녀를 찾다가 그만 그녀와 내가 엉키고 말았다. 그 짧은 순간, 그녀의 가슴이 볼록볼록 뛰고 있었다. 덩달아 내 가슴도 반응했다. 콩콩콩 콩당콩당 쿵쿵쿵쿵……. 점점 커지는 소리에 놀란 서로는 빨갛게 상기되어 화다닥 엉킨 타래를 풀고 등을 돌리고 말았다. 분명 친구만의 감정이 아니었다.

그녀도 그때를 상기하는지 나를 지그시 바라보며 선웃음을 지었다.
"왜 갑자기 전학을 간 거니?"
너를 따라 서울이 아닌 지옥에라도 가고 싶었다고, 그래서 40여 년 동안 너를 해바라기하며 살아왔노라고 묻고 싶었지만 내 표현은 짧기만 했다.
"서울로 전학을 간다고 모두 부러워했는데, 실은 이모에게 더부살이하러 간 거야, 작은 회사에 다니며 야간 학교를 마쳤어."
이야기하는 그녀의 눈시울이 붉어져 있었다. 서울로 간 것을 부러워했는데 고향을 등지고 서울로 이사한 사람들 대개가 절박한 생계와 닿아 있다는 것을 알게 되었다. 나는 가슴이 저며 왔다. 그때, 서먹한 분위기를 바꾸려 그랬을까, 내 곁으로

그녀가 짝꿍처럼 의자를 끌어 바짝 다가앉더니,

"아 참! 너, 왜 한 번도 연락하지 않았어?"

여태 마음속에 담아두었다는 듯 생급스럽게 물었다. 사실 내가 지금껏 묻고 싶었던 말이었다. 네 생각으로 하루하루가 절절하지 않은 날이 없었고, 나뭇잎 흔들리는 것만 보아도 네 모습이 떠올라 가슴이 두근거렸다고 말하고 싶었다.

"내 연락처를 몰랐다고?"

대뜸 그녀가 나를 똑바로 바라보며 윽박지르듯 말을 했다.

"정말 내 주소를 몰랐어?"

뜨악해하는 나를 보고서도 연거푸 그녀가 물었다.

"내가 너에게 줬잖아…… 쪽지, 기억 안 나?"

"……"

"……"

"그럼 그 종이비행기?"

술 그리고 아버지

막걸리 한 잔, 깍두기 한 개.

아버지의 기호품이다. 아버지는 술을 좋아하셨다. 잔소리 한 번, 담배 한 모금, 안 하신 분이지만, 술에 관한 한 지존至尊이셨다. 양은 말할 것도 없으려니와 흥취 또한 대단하셨다. 술은 아버지에게 삶의 동반자이자 활력소였다.

새순이 돋기도 전 초봄부터 진눈깨비가 만발한 한겨울까지 아버지는 줄곧 논밭을 집 삼아 사셨다. 돋을볕이 뜨기 전에 나간 당신께서는 정녕 어둠에 몸을 칭칭 감고 돌아오셨다. 그때마다 어머니는 늘 막걸리 심부름을 시키셨다. 아버지가 그랬듯, 나를 의심하지 않았음이리라. 나 또한, 지엄하신 어머니의 명을 거역하지 못했다. 그래서일까. 당신에 대한 내 기억 대부분은 산자락과 소, 쟁기 그리고 막걸리가 화인처럼 각인되어 있다.

그날도 어머니 명으로 나는 내 키만 한 주전자를 들고 뒤뚱뒤뚱 언덕 기슭을 올랐다. 아버지에게 가기 위함이었다. 땡볕 가득한 들판, 몸은 금방 더웠고 땀은 두꺼비 등인 양 돋았다. 뻐꾸기 소리는 애간장을 녹일 듯 파란 하늘을 빙판 삼아 미끄러져 이산저산에서 들려왔고 주전자 속 막걸리는 화답하듯 출렁거렸다.

멀리서 "이랴! 이랴!" 하는 아버지의 고함 소리에 맞장구를 치듯 소는 "음모 음모." 울어댔다. 지척으로 보일 뿐, 들판은 멀고도 멀었다. 고랑을 지나 언덕을 넘는 너덜길인지라 넘어지기에 십상이다. 조금만 조심하지 않으면 술에 멱을 감기 일쑤였다. 그렇게 팔이 빠질 정도로 아프고, 더는 걸음을 옮기기 힘겨울 즈음, 아버지는 먼 곳에서 손수 마중을 나오셨다. 주전자를 넙죽 받아 드신 아버지는 나 한 번, 주전자 한 번을 번갈아 보시며 애써 기쁨을 감추지 못하셨다. 기실 나보다 술이 더 반가웠을 터지만, 내색도 하지 않고 내 등부터 어루만져 주시던 아버지. 언덕 한쪽에서 방아깨비를 잡거나 팔베개를 하고 있으면 요란하게 들려오는 행복에 겨운 소리.

"커어―."

천하를 호령하고도 남을 소리. 깜짝 놀라 뒤돌아보면 턱수염을 쓰다듬으시며 마냥 만면에 기쁨을 고스란히 드러내놓으시던 아버지. 거칠게 자란 턱수염엔 막걸리 자국은 어찌 그리

하얗던지…….

쟁기질은 굳은 땅을 갈아엎어 땅이 숨을 쉬도록 하는 일이다. 여느 일과 달리 혼자서 해야 한다. 고달파서 그랬을까, 외로워서 그랬을까. 아버지는 유별히 술과 사람을 좋아하셨다.

술만 있으면 아버지는 주변 사람들을 모두 부르셨다. 한 사발씩밖에 안 되는 술일지라도 기꺼이 나눠 드셨다. 다른 논밭 새참에도 주저 없으셨다. 막걸리 한 사발과 총각무 한 입에도 덕담이 후했다. 막걸리가 있는 곳에 여지없이 당신이 있었고 웃음이 만발했다. 정녕 술이 있어서 좋고, 아버지가 있어서 더더욱 좋았다.

그날도 어머니께서 나에게 명하셨다. 이번엔 반달재 가풀막을 지난 장구배미다. 문제는 주치재 돌무덤이다. 아이가 죽으면 항아리에 담아 넣고 돌로 쌓은 곳이란다. 동행 없이 그 산길을 가기란 한낮조차 소름끼칠 일이다. 몇 번을 망설였을까. 아버지에게 가야 한다는 의무감과 돌무덤이라는 두려움이 엄습했다. 그러고 보면 어린 나이에도 제법 효자였던 모양이다. 애타게 기다리고 있을 아버지의 모습을 떠올리고 나는 용기백배하여 뛰고 달렸다. 어떻게 지나왔을까. 주전자를 받아 쥔 아버지께서는 입맛만 다셨다. 그 후한 '고수레'조차 안 하셨다. 이미 반은 쏟아버려 내가 보기에도 헐렁한 주전자였다.

돌무덤만 없었다면 빈 주전자를 들고 먼저 집에 갔을 터였다. 해가 뉘엿뉘엿 산 그림자를 길게 드리울 때야 아버지는 일을 마치셨다. 길잡이로 소가 앞섰고, 나 다음 아버지께서는 커다란 쟁기를 지고서 따라오셨다. 그때였다.

"인석아! 그리 느려서 집에 가기나 하겠냐?"

아버지는 높고 무거웠을 쟁기 위로 나를 덥석 들어 올리셨다. 아버지의 노래에 장단을 맞추며 나는 지게 위에서 덩달아 신이 났다.

> 청천 하늘에 잔별도 많고,
> 우리네 가심엔 수심도 많다.

아버지의 구성진 소리는 워낭소리를 장단 삼아 들판으로 퍼져나갔다. 장구배미를 지나 주치재 돌무덤을 지날 때는 어느새 땅거미가 몸에 달라붙었다. 밤바람이 숲속을 헤집고 다녔지만 조금도 무섭지 않았다.

그러기를 몇 해, 나도 제법 자랐나 보다. 어느 날 문득, 아버지께서 내게 잔을 내미셨다.

"너도 한잔할래?"

나는 기겁해서 돌아앉았다. 하지만 이미 내 얼굴은 발갛게 상기된 후였다. 주전자가 무거워서, 배가 고파, 아니 호기심에 입을 댄 것이 한 모금이었다. 생각보다 아무렇지 않았다. 오히려 달콤하고 기분이 좋아졌다. 그렇게 시작한 한 모금이 두 모금 되었고, 두 모금이 세 모금이 되었다. 단지 당신 주량이 그만큼 늘어난 것으로 생각하셨으리라. 아버지께서 그때, 알고 계셨다는 것을 내가 아버지의 나이가 된 지금에야 깨달았다.

그때 그토록, 내가 부러워하는 아버지의 그 검은 턱수염을 어느덧 나도 가진 지금. 나는 여태 아버지처럼 그렇게 맛있게 술을 마셔보지 못했다. 막걸리 대신 더 좋은 술이 얼마든 많지만, 그때처럼 밤늦도록 일을 하지 않아서일까. 아니면 쟁기가 없어서일까. 막힌 목청을 뚫듯 시원스레 넘어간 뒤 나오는 소리. 그 소리를 한 번도 내 본 적이 없다.

퇴근길에 한잔 걸쳤다. 허적허적 걸어오는 길목에 괜스레 눈물이 난다. 그때 버릇처럼 내 손엔 술병이 들려있다. 한 모금, 두 모금, 그렇게 걸어간다.

> 청천 하늘엔 잔별도 많고
> 나의 가아심엔 그리움도 많다.

아버지의 소리가 금방 들려올 것만 같다. 아니 아버지를 따라 부른다. 당신이 평생 갈고 가꾼 뒷산을 언덕 삼아 우리를 굽어보고 계신 아버지. 신선처럼 하늘을 향해 지금도 "이랴! 이랴!" 하늘 언덕을 갈고 계실까. 지금도 저 하늘에서 내 술을 기다리고 계실까.

이렇게 한잔 걸친 날이면, 안주도 마다하고 손수 깐 달걀을 내 입에 넣어주시던 아버지. 주전자만 보면 아이처럼 흠뻑 웃으시던 아버지. 그런 아버지가 몹시도 그립다.

3부

나무의 첫사랑
꿈꾸는 숫자
들리시나요
혼자 그러나 홀로
꽃담
무하정無夏亭 연가
운주사運舟寺에서 하룻밤
품격 있는 거부
세트 메뉴 인생
나무의 사랑

나무의 첫사랑

 나무가 있습니다. 깊은 산속에 키 작은 나무가 있습니다. 지금 저는 그 나무 앞에 서 있습니다. 나무를 바라봅니다. 나무도 나를 봅니다. 내가 멋쩍은지 나무는 잎을 흔들어 긁적입니다. 낯선 사내가 부끄러운 모양입니다.
 나무에 슬며시 몸을 기댑니다. 나무는 기다렸다는 듯 어깨를 내어 줍니다. 나무의 따뜻한 온기가 전해옵니다. 나무의 수액이 내 몸속으로 흘러듭니다. 나도 수액이 흐르는 나무이고 싶습니다. 나무처럼 짙푸르고 나무처럼 단단하고 싶습니다.
 나무, 지금까지 나는 어떤 나무였을까. 깊은 산속에서도 자존을 지킨 고고한 신갈나무였을까, 길가의 키 작고 속 좁은 도토리였을까요. 여인네의 속살처럼 하얀 자작나무였을까, 몸에 가시가 돋친 탱자나무였을까요. 잡목 속에서도 잘 자라는 떡갈나무였을까, 누구의 접근도 경계한 채, 안으로만 단단해진 박달나무였을까요.

어쩌면 나무와 견주는 것조차 부끄러운 삶이지 싶습니다. 이제부터라도 나무가 되고 싶습니다. 뒤란 장독대 옆에서 단란한 가정의 웃음소리를 엿듣는 늙은 감나무여도 좋겠고, 야릇한 향기로 나그네를 붙잡는 아까시나무여도 좋겠습니다. 돌 틈에서도 탐스러운 꽃을 피우는 버들강아지이어도 좋겠고, 진한 향기로 들판을 가득 메우는 찔레여도 좋겠습니다. 바닷가 소녀의 애틋한 사랑 이야기를 엿듣는 슬픈 동백이어도 좋겠고, 새색시의 치맛자락같이 화사하게 산을 물들이는 진달래여도 좋겠습니다.

우리 옆집에 소희라는 착한 친구가 살았습니다. 그는 이웃에 사는 둘도 없는 제 친구랍니다. 시골 산중이라 다른 친구가 없었습니다. 그래서 우린 늘 함께 공부하고 함께 놀았습니다. 어느 날, 우린 마당 가장자리에 작은 나무를 심었습니다. 그가 나무를 잡고 내가 삽질을 했습니다. 내가 거름을 주고 그가 벌레를 잡았습니다. 틈틈이 우리 둘은 그 나무가 자라는 것을 바라보았습니다. 하지만 그 나무는 좀체 자라지 않았습니다. 그와 내가 쑥쑥 자라는 동안 나무는 자라지 않았습니다.

내가 읍내 고등학교로 진학을 하게 되었습니다. 여느 친구들처럼 혼자 밥을 지어 먹고 학교에 다녀야 하는 자취 생활을 시작한 것입니다. 그는 그런 내가 가엽다며 내가 다니는 읍내 학교에 다니겠다고 어머니를 졸랐습니다. 하지만 그럴 수가 없었습니다. 그래서였을까. 내가 읍내로 오던 날, 그는 나를 따라오겠다며 내게 매달렸습니다. 다 큰 계집애가 큰일날 소리를 한다며 그의 어머니가 붙잡았습니다. 어머니도 곁들였다. 미안했습니다. 나는 절대 다른 친구를 사귀지 않겠다고 약속했습니다. 그녀가 고개를 끄덕였습니다. 두 눈에 눈물이 그렁거렸습니다.

읍내 고등학교 생활은 그런대로 재미있었습니다. 그러던 어느 날, 교실로 선생님께서 찾아왔습니다. 소희 어머니께서 쓰러졌다는 것입니다. 조퇴하고 고향 집으로 뛰어갔습니다. 대문 앞에 사람들이 웅성거렸습니다. 그 사이로 꽃상여가 보였습니다. 나뭇짐을 이고서 산에서 내려오다 넘어졌답니다. 경운기 사고로 들판에서 아버지를 잃고 이번에는 산에서 어머니를 잃고 말았습니다. 몇 년 사이 그는 혼자가 되었습니다. 혼자가 된 그를 남기고 다음 날 저는 읍내로 왔습니다. 그는 나를 바라보고 아무 말도 못 했습니다. 눈물만 흘렸습니다.

며칠 후였습니다. 하교하여 집에 도착했는데 자취방 앞에서 누가 서성입니다. 소희였습니다. 너무 반가운 나머지 나는 소희를 얼싸안고 말았습니다. 그는 서울 삼촌 집에 가는 길에 묻고 물어 찾아온 것입니다. 이번에 보면 언제 다시 볼지 모르겠다며 그는 내 곁을 떠나려 하지 않았습니다. 서울행 차표도 내일 아침 것이었습니다. 밤은 금방 찾아왔습니다. 자리를 펴고 눕자 기다렸다는 듯 소희가 바싹 다가왔습니다. 저는 임의로 선을 그었습니다. 그리고 절대 그 선을 넘어오지 못하도록 했습니다. 하지만 소용이 없었습니다. 오히려 소희는 더욱 바싹 다가오더니, 와락 나를 끌어안는 겁니다. 저는 움직일 수가 없었습니다. 아니 아무 저항도 할 수 없었습니다. 얼마나 시간이 지났을까. 소희가 제 손을 붙잡더니 서서히 아주 서서히 제 손을 가져다가 자기 가슴에 얹는 것이었습니다. 아무 감각이 없었습니다. 시간이 흐르고 안정을 찾아가자 일시에 죽었던 손끝의 감각이 하나하나 바늘처럼 살아나기 시작했습니다. 작은 가슴이었지만 볼록했습니다. 가슴이 쿵당쿵당 뛰고 있었습니다. 풍선처럼 말랑말랑한 연분홍 꽃물이 금방 터질 듯했습니다. 그녀의 풋풋한 살냄새에 현기증이 일었습니다. 제 가슴도 쿵덩쿵덩 덩달아 뛰었습니다.

다음날 이른 아침 그녀는 서울로 떠났습니다. 슬픈 동백꽃 한 송이 이부자리에 남기고 말없이 떠나갔습니다. 그녀가 떠난 후, 저는 한동안 홍역을 앓았습니다. 내 가슴에 들어앉은 사랑을 나도 어찌할 수 없었습니다. 울렁거리는 가슴은 아무리 노력해도 식혀지지 않았습니다. 비로소 그녀의 마음을 알 것 같았습니다.

문득 그녀와 함께 심었던 나무가 보고 싶었습니다. 시골 마당 가로 갔습니다. 나무는 몰라보게 훌쩍 자라 있었습니다. 우리가 떠난 후부터 나무는 훌쩍 자란 것이지요. 우리가 헤어졌을 때부터 우리의 사랑 나무는 무럭무럭 자란 것입니다. 저는 그 나무 밑에 앉았습니다. 나무에서 소희의 냄새가 났습니다. 키 작은 저는 키 큰 나무를 바라보며 솔 향기에 저도 모르게 취하고 말았습니다.

나무가 되고 싶다고요? 말 한마디 못 하고 꼼짝없이 한 자리에만 서 있다고 싶다고요? 참으로 자신이 없어집니다. 벙어리는 그나마 괜찮아 보입니다. 하지만 역마살이 낀 주제에 나무가 되겠다고요. 아무래도 잘못 생각한 것 같습니다. 나무가 사랑받는 이유가 거기 있나 봅니다. 아무도 함부로 범접할 수 없는 고행과 수행 말입니다. 묵언 수행은 차치하고, 평생 면벽하며 안거에 들어가는 삶 말입니다. 비바람 눈보라에 금방 방 안으로 들어가 버리는 사람이 아니라 자기 살이 갑옷이 되도록 고통을 감내해야 하는 나무 말입니다.

소희 소식이 궁금하다고요. 그녀가 왜 입산을 했느냐고요. 나무가 우는 소리를 들어보세요, 그건 나무가 아니라 그녀가 우는 소리랍니다. 나무들의 마을, 산이 우는 소리랍니다. 산에서 만난 소희 가족의 울음소리랍니다. 밤이 되면 소희는 내 창문을 두드립니다. 덜컹덜컹 문을 흔들기도 한답니다. 나를 잊지 못한 소희는 그래서 밤마다 도시로 와 우는 것입니다.

꿈꾸는 숫자

'유행가! 유행가! 신나는 노래! 우리 함께 불러보자!'

호주머니에서 들려온다. 딸녀석이 바꿨을 것이다. 신곡 몇 구절만 흥얼거려도 재빠르게 그 곡으로 벨을 울리게 한다. 흥겨운 마음으로 "여보세요" 물으면서도 쑥스럽다. 화면에 뜬 전화번호는 시골, 어머니다.

어머니가 전화할 때는 분명하다. 마을 어르신이 작고하셨는지, 반찬거리를 가져가라고 하시는지 첫 음성만으로도 단박에 알 수 있다. 어머니는 최근에야 전답을 다 놓으셨다. 그리고 대문 앞에 조그만 텃밭을 당신의 얼마 남지 않은 삶처럼 소일 삼아 일구신다. 어머니의 남은 기력을 빨아먹고 자란 푸릇푸릇한 채소들. 김장하느라 고단도 했으련만 어머니의 목소리는 당당하다. 어머니는 반찬을 핑계로 자식이 보고 싶었던 모양이다.

어둠은 적막을 데리고 밤보다 먼저 온다. 어머니는 어느덧 코를 가늘게 골아대고, 나는 정적에 휩싸인다. 참으로 오랜만에 맛보는 혼자의 시간을 어둠으로 목욕을 한다. 어머니가 김치 외에 덤으로 준 선물, 적막이다.

묵은 때가 낀 낡은 TV, 빛바랜 대나무 시렁, 그리고 거기에 매달려 어머니의 살결 같은 냄새를 닮아버린 메주, 앙상하게 갈비를 들어낸 서까래, 온통 낡았다. 아니 모든 것이 오래되었다. 어쩜 어머니조차도 잘 어울리는 그 묵정이들처럼 낡은 숨소리를 낸다. 멀뚱하니 천장을 바라보던 내 눈에 들어온 어색한 풍경 하나, 전화번호부다. 새 옷을 입은 전화번호부는 지난해 것을 밀어라도 내려는 듯 짓누르고 있다.

어머니처럼 왜소한 묵은 전화번호부로 손이 간다. 잔디판매, 전원주택, 보일러, 중기와 크레인, 개인 용달, 납골묘, 합동장의사, 초·재혼 상담소, 지하수 건설, 각종 석재, 화순 병원, 동양 농기계, 오뚝이 사료……. 앞면을 차지한 칼라 광고. 열심히 살아가고 있는 시골의 일상이 눈에 선하다. 시골인지라 주로 농사일과 실버산업, 특히 장례업과 관련된 사업이다. 그 흔한 산부인과 하나 있으면 좋으련만, 노령화는 전화번호부조차 비껴가지 못한다.

몇 장 넘기니, 늙은 숫자들이 줄을 선 노인처럼 하나하나서 있다. 마을 이름과 성명, 그리고 전화번호와 비고란. 춘양댁, 담양댁, 하남동댁, 子 박광식, 이발소, 떡 방앗간, 子 박용택, 남도 추어탕, 子 박경술, 평산댁, 산매댁, 경로당……. 듬성듬성 비고란을 채운 메모들. ○○댁의 성명은 자식이고, 子 ○○의 성명은 부모다. 세대교체의 경계인지, 그 사람을 위한 배려인지 모르겠지만, 子 ○○는 자식이 대외적으로 더 알려진 사람들이겠고, ○○댁은 남편이 돌아가셨거나 부인의 지명도가 높기 때문일 것이다. 틈틈이 건강 상식과 농사 정보, 에티켓, 속담 풀이, 민간요법, 명심보감이 양념으로 들어있다.

단연, 내 눈에 붙잡는 메모는 마지막 한 장이다. 호미였더라면 한석봉도 능가했겠지만, 어디 볼펜이야 한 해 기껏 조의금이나 축의금 봉투에 이름 석 자 쓰시는 것이 전부 아니었겠는가. 이리저리 비틀어지고 뒤틀어져 침이라도 묻어날 듯한 엄마의 숫자들이 궁색하게 자리를 잡고 있다. 목포 이모, 민수 외가, 준영 외가, 영광 대치 사돈, 둘째 이모 딸…….

어머니의 명문名文이다. 숫제 수없이 바뀌었을지도 모를 오래된 번호, 아니 숫자들. 그 기호들만 세속의 연이 이어지기만을 기다리듯 어머니의 기억을 붙잡고 있다. 초등학교 문턱도 밟아보지 못한 그 서툰 솜씨에 의지해 뒷자리를 지키고 계신 것이다. 여태껏 사용조차 못 하여본 번호, 아니 대부분 바뀌어 통화조차 되지 않을 숫자들. 하지만 어머니의 숫자에는 온기가 있다. 숨결이 느껴진다. 번호마다 고유한 목소리, 특유의 표정과 자태, 그 사람만의 성품과 향기가 묻어있다. 그중, 유독 내 시선을 붙잡는 숫자가 있다. 천만이, 내 오랜 의식을 깨운 명명, 숫자의 주인은 천만이다. 너무 오래되어 지워졌던 인물, 막내 이모와 눈이 맞아 야반도주한 청년, 지옥에라도 가서 잡겠다고 분개하던 할아버지, 제발 잡히지만 말고 부디 잘만 살아달라는 할머니. 지금은 어느 산, 어느 마을 아래 살고 있을까. 어머니의 숫자, 그 지워지지 않는 숫자들도 어머니처럼 꿈을 꿀 게다. 마을을 한 바퀴 돌기도 하고, 아버지의 산소까지 마실도 간다.

그리움이 깊어 가는 겨울밤은 저 멀리 막내 이모도 만나고 도란도란 할머니와 할아버지의 응어리도 풀어드릴 것이다. 밤이 깊어 가고 어둠이 더욱 짙어지면 세월이 흐르고 해가 쌓일수록 어머니의 숫자는 더욱 신바람 날 것이다. 그래서 저리 오래도록 잠들지 않고 어머니의 머리맡에서 동승의 꿈을 꾸고 있나보다.

따르릉 따르릉! 전화벨이 울린다. 핸드폰과 달리 발신자를 알 수 없다. 누구일까. 오늘은 아주 낯설도록 오래된 사람의 목소리를 기대하면서 소중한 사람의 손이라도 잡듯 수화기에 손을 내민다. 따르릉 따르릉! 한밤중의 전화 소리가 내 무딘 가슴을 두드린다. 집을 나간 막내 이모였으면 좋겠고, 애면글면 통화가 안 된다며 묵은 번호를 연신 눌러대며 끙끙대던 부산 외숙모여도 좋겠다. 어머니의 은밀한 애인인들 또 어쩌랴.

들리시나요

 보이시나요. 눈송이들이, 문 흔들리는 소리에 밖을 보니, 눈송이들이 하얀 나비 떼처럼 창문을 노크하네요. 반가워 꿈에 본 임인 양, 두 팔을 벌려 안아봅니다. 은빛 드레스를 입고 달려온 선녀들은 어떤 일인지 스르르 사라지고 마네요. 얼마나 지고한 그리움으로 저 먼 천상에서 내게로 달려왔는지, 그만 지귀 가슴에 녹는 여왕의 반지인 양, 저의 품에서 절절히 녹고 맙니다. 꽃눈개비 같은 저 빛나는 사랑이 당신에게 달려가네요. 보이시나요.
 보이시나요. 저 무등산 꼭대기에 반짝이는 은빛 드레스가 보이시나요. 천상의 요정들이 내려왔나 봅니다. 서설을 보니 모든 일이 다 잘될 것 같은 오늘입니다. 거리마다 사람들도 하얗습니다. 길거리 연인들은 정겹다고 눈싸움을 하더니 이네 눈싸움으로 번지네요. 사랑싸움도 다툼도 그리고 전쟁도 이렇게 눈싸움처럼 스르르 녹는 눈싸움이었으면 좋겠습니다.

총총 출근길에 부딪히는 서로의 어깨들이 다정하네요, 아이를 등교시키는 젊은 엄마와 아이가 타고 있는 노란 버스와 이별처럼, 이별도 오늘처럼 아름다웠으면 좋겠네요. 시장에 도착한 트럭에서는 새파란 채소들이 쏟아지네요. 할머니들의 주름진 미소가 오늘 저 눈 속 싱싱한 채소처럼 언제나 해맑았으면 좋겠네요. 완도 청각처럼 싱싱하고, 장흥 파래처럼 새파랗고, 진도 물미역처럼 미끈하고 여수 갓처럼 톡 쏘는 만남이었으면 좋겠어요. 웃음이 턱에 걸린 사람들의 아침 발걸음이 보이시나요.

들리시나요. 나무가 수액을 빨아올리는 소리가 들리시나요. 땅속 깊이 씨앗들이 부지런히 땅을 뚫고 올라오는 소리가 들리시나요. 바람이 당신의 옷깃으로 앙탈을 부리며 파고드는 소리가 들리시나요. 저 멀리 누군가가 당신을 사랑한다고 애타게 부르는 소리가 들리시나요. 어디 좀 걸음을 멈추고 조용한 곳에 앉아서 햇볕이 당신에게 소곤대는 말을 들어보세요. 들리시나요. 두 눈을 꼭 감아보세요. 눈은 나를 위한 것이고, 귀는 당신을 위한 것이랍니다. 눈을 감고 당신이 되어 경청해보세요. 저 멀리서 봄이 달려오며 당신에게 속닥속닥 속삭이는 소리에 귀기울여 보세요. 나비가 팔랑팔랑 날아가며 임을 부르는 소리를 놓치지 마세요. 제비가 지지배배, 새들이 재잘재

잘 당신에게 해주는, 당신의 가슴을 두드리는 속삭임을 들어보세요. 마음을 열고 들어보세요. 봄이 온다고, 사랑의 계절이라는 속삭임을 귀 닫지 마시고 가슴을 활짝 열고 맞이해 보세요. 들리시나요. 당신 없이 못 산다는 봄바람 소리가 들리시나요.

느껴보세요. 느껴지시나요. 마음을 열고 느껴보세요. 새벽부터 밤늦도록 위층에서 쿵쿵거리는 아이의 발소리 말입니다. 그것은 소음이 아니라 당신에게 가기 위해 매일 걷기 연습을 하고 있는 아이의 설렘인지도 모릅니다. 고래고래 악을 질러대며 싸우는 시장 사람들의 목소리는 미워서 지르는 외침이 아니라 당신에게 사랑받고 싶다는 구구절절한 애원인지도 모릅니다. 저 높은 고공에서 외치는 여인네의 간절한 호소가 느껴지십니까. 몇날 며칠을 굶어가며 같이 살자, 함께 살자는 진실로 당신을 사랑한다는 그 사람의 사랑 고백인지 모릅니다. 느껴지시나요. 마음이, 마음이 건네는

누군가가 창가에서 우는 눈물소리를 들었다면, 그것은 그에게 따듯한 손길을 뻗어달라는 신의 부탁인지 모릅니다. 혹여 내 일이 아니라고 간절한 부탁을 외면하시지는 않으셨는지요. 머리와 가장 먼 신체 부위가 마음이라지요. 느껴지시나요. 세상에는 볼 수 없고 들을 수 없는 것이 있답니다. 느껴야만 내게로 오는 마음이지요. 느낌이 중요하다잖아요. 자연의 소리, 이웃의 행복한 소리는 볼 수도 있고 들을 수도 있지만, 마음이

보내는 느낌은 낮고 잔잔해서 느끼지 못하면 닿을 수 없다고 하잖아요. 머리로만 하는 사랑이 아닌 마음이 하는 사랑, 마음으로 보내는 소리는 마음이 마중 나가 느껴야지요.

보이시나요, 사랑이 봄비처럼 무더기무더기 당신에게 오는 모습이 보이시나요. 들리시나요, 잠시도 쉬지 않고 당신에게 달려오는 쿵쾅거리는 가슴 뛰는 소리가 들리시나요. 눈을 감고 귀를 막고 마음을 열어보세요. 느껴지시나요, 나무껍질의 부드러움이 새들의 깃털이 당신 곁에 있는 이들의 따뜻한 온기가 느껴지시나요. 당신이 기다리고 찾던 바로 그것이 아닌지요.

당신에게 달려가는 쿵쾅쿵쾅 마음이 보이시나요. 낮고 어두운 곳에서 당신을 호명하는 마음, 사랑의 속삭임에 반응해보세요. 봄이 피고, 생명이 뛰며, 사랑이 오는, 마음을 열고 만져보세요. 지금은 하는 일 잠시 멈추고 마음을 포옹해 보세요. 어쩌면 당신에게 하는 누군가의 사랑의 속삭임을 놓치고 싶지 않다면, 숨을 좀 멈추고 당신에게 달려오는 그 사람을 그 마음을 살펴보세요. 보이시나요, 들리시나요, 그리고 느껴지시나요.

혼자 그러나 홀로

 밤하늘 별들은 아름답다. 은하수 빛 잔치는 황홀하기 그지없고, 해거름 가창오리 떼 군무나 새들의 비행을 보면 탄성이 절로 나온다. 혼자가 아니기 때문이다. 함께 펼치는 공연은 독무는 말할 것도 없으려니와 카드섹션보다 훨씬 더 위대하다.
 우리나라 사람들은 인간관계에서 양적인 폭을 중시하는 경향이 강하다. 여기저기 모임을 만들고 자랑한다. 혼자 있지 않다는 과시일 것이다. 특정 집단에서 배제당하지 않으려는 심리, 우수한 집단에 소속하고 싶은 욕망은 본능에 가깝다. 그래서 혼자 있으면 힘들어한다.
 여럿이 있다 보면 눈치가 빨라야 한다. 단체 생활은 타인을 배려하고 양보해야 하는 사회성이 필요한 것이다. 그런데 대인관계처럼 복잡하고 미묘한 것도 없다. 그로 인해 즐겁기도 하지만 반대로 고단하고 피곤해지는 경우가 적지 않다.

상당수 사람이 의외로 떠밀려서 혼자된다. 타지로 이사를 하거나, 자녀가 독립하거나 사랑하는 사람이 갑자기 떠나면 혼자가 되는 것이다. 그래서 더욱 외로워한다. 인생의 중반을 넘어서는 지금에 와서 삶이 문득 공허해진다는 친구가 많다.

우린 가끔 집단에서 벗어나 '홀로' 있는 시간을 스스로 마련할 필요가 있다. 복잡한 관계의 그물에서 벗어나려는 의도적인 성찰의 시간이 필요하다. 그래야만 자신을 객관적으로 바라볼 수 있다.

혼자와 홀로는 비슷하나 다르다. '혼자'가 다른 사람과의 관계를 중요하게 여긴다면 '홀로'는 자신과의 관계를 중시한다. '혼자' 있는 것이 외로움이라면 '홀로' 있는 것은 고독이다. '혼자'의 삶이 노예奴隷이라면 '홀로'는 자주自主이고, '혼자(aloneness)'가 당한 것이라면 '홀로(one's own)'는 선택한 것이다. 따라서 '혼자'가 스스로 소외되는 괴로운 시간이라면 '홀로'는 자신의 삶을 재구성(reset)하는 탄탄한 자립의 시간이다. 그래서 '혼자' 있으면 외롭지만 '홀로' 있으면 절대 외롭지 않다.

사람들은 눈과 코와 같은 감각기관에 의지해서 살아가기도 하지만, 보지 않고 듣지 않으면서도 사유와 통찰로 살아가기도 한다. 전자가 동물적이고 직관적 삶이라면 후자는 인간만이 간직할 수 있는 사유와 성찰적인 삶이다. 혼자는 대낮에도 앞을 못 보는 암흑 시간이라면, 홀로는 깜깜한 어둠 속에서도 내면을 관조할 수 있는 시간이다. 즉 혼자가 텅 빈 존재라면 홀로는 꽉 찬 존재여서 혼자 있으면 외로워 누군가를 필요로 하지만, 홀로 있으면 현악기의 줄처럼 신전의 기둥이나 사이프러스 나무들처럼 스스로 사랑하고 스스로 행복해질 수 있다.

살다 보면 우리는 누구와 함께 있는 시간보다 혼자 또는 홀로 있는 시간이 훨씬 더 많다. 누구는 '혼자의 시간'을 맞이하지만, 또 누구는 '홀로의 시간'을 만들어 간다. 결핍을 직시하는 괴로운 시간을 택할지, 스스로 충만해지는 독락獨樂의 시간을 택할지는 자신의 선택에 달렸다.

명절 때면 가족끼리 모여서 왁자지껄 웃으며 음식을 만들고 술잔을 나누는 집안을 부러워한다. 하지만 그 웃음을 들여다보면 '홀로'의 시간이 더 많았음을 알 수 있다. 어느 철학자가 고슴도치 딜레마로 비유한 것처럼 '너무 가까이 가면 찔리고, 멀어지면 온기를 나눌 수 없음'은 이를 두고 한 말이다.

밤하늘의 별들도 실상 홀로이다. 보기에는 가까이 있어 보이지만, 실제 별들은 수천만 킬로미터씩 떨어져 있다. 가창오리의 군무도 마찬가지다. 모였다가 흩어지고, 흩어졌다 모이기를 수만 번 반복하되 결코 상대의 날갯짓을 방해하지 않는다. 우리는 뜨겁게 사랑하되 지나치게 가까이는 말고, 멀리하되 얼어서는 죽지 않을 만큼 가까이, 혼자가 아닌 홀로, 함께 하되 저만치, 그래야 아름답다.

꽃담

 오늘도 내 귀는 앞집으로 향한다. 작은 귀가 그저 고마울 따름이다. 해 질 무렵, 웃음소리가 담을 어김없이 넘어온다. 유리잔을 뒹구는 이슬처럼 청아하고 해맑은 소리다. 크지도 길지도 않다. 도란도란 누군가와 나누는 정담 중에 터지는 웃음이다. 이어졌다가 끊어지고 끊어졌다가 이어지는 웃음은 귀를 세울라치면 어느새 잠잠해져 버린다. 넷이 단란하게 사는 모습이 웃음 속에 고스란하다. 세면장과 화장실에서 아침부터 소란을 피워대는 우리 삼형제와 달리 딸만 둘인 그 집은 늘 웃음이 넘쳐난다. 먼저 이용하겠다고 악을 지르는 우리들의 목소리가 채 담을 넘기도 전에 그 싱그러운 웃음에 밀려나고, 되레 담을 넘어온 웃음이 우리 집 앞마당을 훈훈하게 달군다.
 그래서였으리라. 그 담은 늘 가슴 저미는 존재였고, 언제나

선망의 대상이었다. 마음속으로 수없이 담을 넘고서도 단 한 번도 넘보지 못했던 범접 못할 어떤 존재였다.
'발꿈치라도 들어서 바라볼 수만 있다면…….'

뒷산이 머리를 흘린 끝자락. 작은 언덕을 기점으로 우리 집과 앞집이 둥지를 틀고 있다. 집은 담 하나 사이지만 대문은 운주사 등 맞댄 불상처럼 정반대 자락이다. 어쩜 돌담 없이는 가파른 경사면에 집을 지을 수 없었을 것이다. 큰 담을 경계로 낮은 곳에 작은 우리 집이 있고, 위쪽에는 고색창연한 기와를 머리에 얹은 앞집이 있다. 그래서 늘 그 집, 푸른 기와를 올려다보고 있노라면 푸른 하늘에 눈이 시렸다. 허망하게 흘러가는 맑은 하늘은 유난히 휑한 내 가슴을 드러냈고 무심하게 지나가는 바람은 어느 결에 내 마음을 어지럽혔다.

한 번쯤 고개를 돌려 얼굴을 보여 줄 성도 싶은데, 넘어오는 것은 가슴 시리디시린 웃음과 음식 담긴 쟁반을 쥔, 앞집 아주머니의 떡살같이 하얀 손목이었다. 막 담근 김치는 말할 것도 없거니와 간혹 부침개라도 넘어온 날이면 우리 형제들은 온 집을 흔들었다. 그때마다 어머니는 앞집 듣겠다며 부랴부랴 회초리 찾기에 여념이 없었던 것을…….

그럴 즈음 어느 여름날.

마을 고샅을 지나칠 때였다. 담 너머로 흥얼거리는 소리가 들려왔다. 유행가인지 가곡인지 분명치 않으나 애절한 사랑을 담은 콧노래였다. 호박잎 무성한 토담 위로 고개를 들어 까치발을 하였을 때, 장독대가 들어왔다. 장독대 언저리 흐드러진 봉숭아 꽃밭에서 누군가가 고개를 숙인 채 콧노래를 부르고 있다. 이 꽃 저 꽃, 어느 꽃을 딸까 고민하는 모양새다. 연초록 줄기에 무성한 잎 사이사이, 하얗고 붉은 색소를 뿌려 놓은 듯 예쁜 색깔의 꽃들이 점점이 박힌 텃밭이었다. 노란 민소매를 입은 누군가가 고개를 숙여 봉숭아꽃을 따고 있었다. 명자 누나였다. 그런 동안 누나의 뽀얀 향내가 금방 묻어날 듯한 토실한 앙가슴이 숙인 옷깃 사이로 가지런히 드러났다. 새하얀 쌀밥을 엎어 놓은 것 같은 뽀얀 젖가슴에 금방 현기증이 났다. 노랫소리가 그치고 소스라치게 놀라 앞가슴을 여민 누나가 나를 보고 있을 때에야 나는 황망히 몸을 숙인 채 고샅을 빠져나왔다. 골목길을 돌아 집으로 허둥지둥 돌아오는 내내, 나는 누나의 노래를 앞집 애의 노래로 듣고 있었다.

고소한 깨소금 볶는 냄새와 산적 굽는 연기가 풍겨 오는 날은 제사나 잔치가 있는 날이다. 그때 들려오는 노래는 여느 때보다 흥겹다. 단란한 가정에 손님이 찾아왔으니 대문까지 마중 가서 반기는 모습이 노래 속에 잡힌다. 찰랑찰랑 깨끗한 물에 쌀을 씻는 하얀 손. 그리고 연이어 넘어오는 선율 "오 내 사랑 목련화야 그대 내 사랑 목련화야" 마법에 걸린 나는, 하던 일을 멈추고 마당을 가로질러 담에 기댄 채, 시름시름 아파야 했다. 어느 때부터인지 모른다. 어느 날 갑자기 찾아온 화신처럼, 마법에 걸렸고, 그렇게 노래가 들려올 때마다 담에 몸을 맡긴 채 신음하는 소심한 아이가 되어 버렸다. 나는 늘 그렇게 눈물 많은 아이였다. 그리고 그 아이 앞에는 정갈하고 기다란 돌담이 갑옷 같은 청태를 두르고서 의연히 버티고 있었다.

내 마음을 들켰던 것일까?

나에게, 심부름하면 삼 형제 중에서도 가장 기겁했던 나에게 하얀 보자기를 내미셨다. 앞집에 전해주란다. 면사무소에 다니는 아저씨 앞에서 버릇없이 굴지 말라는 어머니의 간곡한 당부를 새기면서 모퉁이를 돌아 앞집 대문을 조심스럽게 들어섰다.

"삐그덕 삐그덕 끽 끽."

우람한 대문 소리가 내 떨리는 심장 소리만큼 객쩍게 울렸다. 한참 동안 마음을 진정하고 마당까지 발을 들여놓았는데도 인기척이 없었다. 헛기침을 연방 해보았지만 아무 대답도 없었다. 토방에 보자기를 놓으려던 나는 내심 집 구경을 하고 싶었다. 앞집은 이웃이면서도 좀체 들를 수 있는 곳은 아니었다. 아저씨가 면사무소에 근무하기 때문이기도 했지만, 남자아이가 없었기 때문이었을 것이다. 집은 농사짓는 우리와는 마당부터 달랐다. 쾨쾨하고 칙칙한 냄새를 풍기는 두엄자리도 없었다. 돼지우리나 축사 따위도 없었다. 자매가 외로움을 달랬을 공깃돌들이 마당 한쪽에 소담하게 쌓여 있고, 토방도 곱게 다듬어져 있었다.

내 눈길이 머문 곳은 담장이었다. 그토록 내 마음을 붙든 그 무엇을 찾아 나는 한참 담장을 지나치지 못했다. 담장 옆으로 작은 텃밭이 길게 놓여 있고 그 밑으로 각종 야생화와 채소들이 수굿이 고개를 내밀고 있다. 열무와 배추 사이사이로 옥수수가 자리를 잡고, 토란에 등을 기댄 부추가 하얀 꽃봉오리를 이제 막 터트렸다. 그녀의 하얀 손길이 묻어날 듯, 접시꽃이 곧추 몸을 세운 아래에는 듬성듬성 꽃상추가 수줍게 얼굴을 내민다. 어느 것 하나 그녀의 눈때가 묻지 않은 것이 없으리라 생각하며 우리 집 쪽으로 고개를 들다 무슨 소리에 소스라치고 말았다.

바람이었으리라. 지레 놀란 나는 정갈하게 놓을 경황도 없이, 토방에 보자기를 내던지고 허둥지둥 기와집을 뛰쳐나왔다.

애틋함도 잠시나 보다. 슬그머니 왔던 병은 한철 앓고 난 감기처럼 그렇게 갔다. 마법에 걸린 줄 모른 채 끙끙댔던 것처럼 마법이 풀린 줄도 모르고 도회지 생활에 빠르게 적응해 있었다.

꽃담!

늘 눈길이 머물던 곳. 그래서 더욱 내 마음이 뿌듯하고 행복했던 곳. 이제 와 새삼 또다시 그 담이 그리워지는 것은 어인 까닭일까? 한철 나를 아프게 했던 곳. 그 아픔에 질식할 것 같아 소리 없이 울었던 곳. 그러다가 그 아픔을 즐겼던 곳. 끝내 그 아픔이 담으로 선 곳. 그때 그렇게 내 가슴을 울렁거리게 했던 담의 이끼도 겨울을 준비하나 보다. 가느다란 촉수마다 좁쌀 같은 꽃을 피웠다.

이끼가 꽃을 활짝 피운 담. 꽃담. 새삼 이제 와서 꽃담이 고맙게 여겨진다. 기실 그녀에 대한 그리움이었는지 그 담에 대한 그리움이었는지 도시 경황이 없다. 그녀가 없는 담 또한 의미가 없겠지만, 그 담이 없었다면 그토록 선명하고 간절히, 그토록 오랫동안 그녀를 사랑할 수 있었을까? 수원인가 부평 어디로 친척을 따라 떠났다는 소식에 가슴 아파한 것도 잠시였다. 몇 해 뒤, 스스로 숨을 놓았다는 그 하얀 손의 아주머니가 시신으로 돌아와 마을 뒷산으로 향할 때였다. 꽃상여 뒤를 따르며 흐느끼는 그녀의 등을 바라보는 나는, 내가 놀랄 정도로 덤덤했다.

그때 그 집을 다녀오지 말았어야 했다. 어쩌면 나는 그때 그 집에, 그녀의 노래를 들을 수 있는 소중한 귀를 놓고 왔는지 모른다.

무하정無夏亭 연가

새벽 섬진강.

강은 산을 놓기 싫은 모양이다. 깊숙한 골짜기를 자궁 삼아 튼실한 몸을 박고서 좀처럼 자리를 털지 못한다. 희미한 산 그림자, 은은한 살여울, 그리고 희뿌연 안개, 지리가 흘린 땀인지, 섬진이 풀어놓은 사정의 흔적인지…… 강과 산은 서로의 몸을 꼬아 애정을 확인하듯 이른 새벽부터 부산하다. 그렇게 산은 자식을 낳아 강으로 흘려보내고, 밤마다 몰래몰래 강은 산을 찾는가 보다.

비 오는 섬진강.

산을 적시고 난 비는 주린 강을 채우더니, 이내 유연하게 몸을 비틀어 유영한다. 비 젖은 강은 수줍은 양 더욱 촉촉하고, 발기한 산은 우뚝 솟아 한층 의기양양하다. 여름 하루는 이렇게 섬진에서 늦은 기지개를 켠다.

 강은 계곡을 만들고, 계곡은 또 산을 만든다. 섬진에서 강은 물과 돌로 낮게 흐르고, 지리에서 산은 달과 별로 높게 솟는다. 그렇게 각기 떨어져 그리워하다 남녘의 봄바람으로 살랑살랑 꼬리를 흔들면, 무뚝뚝하게 투정을 부렸던 지리는 거기 매화 한 잎 연서처럼 섬진의 볼 위로 띄워 보낸다.

 무하정無夏亭

 구례구를 막 벗어난 물줄기가 구례로 줄달음치기 위해 힘차게 휘돌아 가는 원방 사구砂丘 팽나무 그늘에 고아한 정자 하나.

 '此問景觀何處在'

 늙은 팽나무. 신나는 말매미.

 휴지처럼 구겨진 몸을 기둥에 맡긴 사람들, 앞산을 보는지 흐르는 강을 보는지 분명치 않은 시선, 그윽한 눈매,

 분명치 않았던 안개 같은 순간, 이쪽과 저쪽 그 어느 쪽도 선택하지 않았다는 이유로 비겁한 회색빛 옷을 입고 살아온 시간, 강도 아니고 산도 아닌, 그 어느 쪽도 선택할 수 없었던 대가로 인해, 선택한 사람들보다 더 힘겹게 살아온 목숨, 차라리 죽음보다 더 질긴 시간, 산이 강이고 강이 산이듯, 이즘보다 늘 인간을 먼저 생각했던 그들의 낮고 지혜로운 시간의 소용돌이, 부초처럼 흐르고 낙엽처럼 켜켜이 쌓아온 삶.

 노인은 이리저리 나를 훑어보더니 마을 앞에 우뚝 솟은 산

을 가리킨다.

"쩌 앞 동해에는 농사를 지으러, 우리 원방에서는 나무하러 왔다 갔다 했제."

배가 있었단다. 둘째가 중학교에 다닐 때까지니까 20년도 넘었다는 것이다. 어찌 물이 맑았던지 그땐 이 물로 밥을 해 먹었다며 유장하게 흐르는 물로 시선을 옮겼다.

다 못생긴 탓인가. 이럴 때, 일명 촌놈처럼 생긴 내가 밉지 않다. 노인은 해묵은 친구를 대하듯 묻지도 않은 나의 질문에 연방 신이 나서 이야기를 계속한다.

밤이면 윗동네 아랫동네 남녀노소 없이 모래사장에 앉아서 놀았단다. 커다란 수박은 물론 감자와 강냉이를 집집이 가져와서 나누어 먹었단다. 그래서 누구 집 음식 맛은 물론 부엌 사정까지 손바닥 보듯 했다는 것이다.

그 해는 유독 가뭄이 심했단다. 아침이면 집집이 굶어 시체가 산을 이뤘고, 곡성이 끊이지 않았단다. 노인도 일주일째 겨우 물만 먹고 버티는데 온 세상이 누렇게 보이더란다. 이제 정말 죽는구나 싶어 온 힘을 내서 부엌에 가보니 훈기가 있더란다. 거참 이상하다 하고 솥뚜껑을 열어보니……. 노인은 말꼬리를 흐리고 눈물을 훔쳤다. 없이 살면서도 정은 마르지 않았던 시절이었단다.

"정말 나 먹기도 심든 시상이었제……."

노인은 지그시 고개를 돌리고 만다.

파란 강물, 파란 능선, 파란 하늘.
"이것이 백운白雲이고 왼쪽이 지리智異라네" 우리나라로 치자면 낭심에 해당하것제!"
광양·순천 사람들은 백운을 언덕 삼고, 담양·곡성 사람들은 지리를 구들 삼아 의지하고 기대며 살아왔다는 것이다. 미운 정인지 고운 정인지, 그래서 진흙 땅엔 군화 자국이, 눈길엔 산사람의 발자국으로 수를 놓았단다. 첫째는 산으로, 둘째는 토벌대로 보냈던 세상이었단다.

햇볕 터지는 여름 섬진, 햇살은 수면도 모자라 섬진의 속살을 하얗게 내 비춘다. 지리는 수많은 계곡을 거느렸고, 그 계곡 또한 수많은 마을을 품을 만큼 넉넉했다. 토벌대에 쫓긴 진석이나 오빠를 찾아 나선 미숙이가 만난 것도 무더운 여름 탓 아니겠는가. 폭염에 짬을 내 어둠 속에 몸을 숨기고 조심조심 찾아든 개울.
"애구머니나!"
달빛에 순간 드러난 진석이의 튼실한 알몸, 어찌 이웃마을 총각을 보고 아가씨가 입조심을 하지 않았겠는가. 성숙해버린 몸 탓인가. 이미 피할 곳도 그럴 의사도 없었던 것을.
그렇게 섬진이 낳고 지리가 기른 사랑.

수려한 경관.

무하정無夏亭 연가

산빛인지 물빛인지, 물결인지 산결인지.

이 어찌 아름다운 강산에 소용돌이 같은 굴곡의 역사가 흐를 줄이야!

오늘도 강은 푸르도록 아픈 역사를 싣고 흐르고 울먹이는 강을 바라보고 있는 산 또한 아픈 상처처럼 얼룩지고 가파른 계곡을 거느리며 힘에 겹도록 신음하고 있다.

스치는 물결, 흐르는 바람, 떠도는 낙엽 하나에도 서럽지만, 서로를 부둥켜안고 살았던 우리들의 역사가 점안點眼을 기다리고 있는 것을.

운주사運舟寺에서 하룻밤

    지귀는 마음에서 불이 일어   志鬼心中火
    몸을 태우고 화신이 되었네.   燎身變火神
    푸른 바다 밖 멀리 흘러갔으니   流移滄海外
    보지도 말고 친하지도 말지어다.   不見不相親

  오늘처럼 천둥 번개가 치고 억수가 퍼부을 때면 천만이가 생각난다. 그러면 나는 만사를 팽개치고 그 무엇에 이끌려 그의 고향이자 내가 태어나고 자란 운주사 중장터로 간다. 그곳은 집을 나간 어머니가 돌아오길 소망하며 하루 천 개 학을 접는 딸과 일평생을 불구로 지내면서 이룰 수 없는 사랑을 꿈꾸었던 천만이의 삶이 운주사 석탑처럼 풍화되고 있는 곳이다.
  중장터는 이름 그대로 중들이 장을 보는 터이다. 운주사 창

건의 경제적 토대이자 천만이의 고향이다. 천만이는 그 중장터에서 10리나 떨어진 내가 사는 곳까지 동냥을 왔다. 그래서 천만이는 내가 아는 유일한 중장터 사람이었다. 그는 참으로 해괴하게 생겼다. 불룩 튀어나온 눈과 확 돌아간 턱, 흡사 사마귀 같기도 했고, 하회탈 같기도 했다. 몸 또한 마찬가지였다. 화석처럼 굳어버린 굽은 팔과 다리, 각기 따로 움직이는 상체와 하체, 마치 고물 로봇이나 해진 걸레가 걷는 것 같았다. 그래서 천만이가 다가오면 우린 기겁하고 달아나기 바빴다. 두메산골에서만 자란 우리는 마을을 벗어나는 일이 거의 없었다. 간간이 외지에서 오는 사람은 모두 반가운 손님이었지만 유독 천만이만은 불청객이었다. 그렇게 천만이는 우리에게 공포로 각인되어서인지 호랑이 온다는 소리에 꼼짝도 하지 않던 우리는 천만이 온다는 소리에 놀라 울던 울음도 그치곤 했다. 딱지를 치거나 비석치기를 하다가도 그가 뒤뚱뒤뚱 나타나면 비석이고 딱지고 모두 팽개치고 놀란 꿩 새끼처럼 달아나기 바빴다. 그 흉측한 얼굴, 잘 알아듣지도 못할 소리, 제멋대로 갈기갈기 따로 노는 관을 열고 나온 송장 같은 육신…….

   진눈깨비 흩뿌리던 여느 초겨울, 꿈속에서조차 나타나지 말기를 간곡히 소망하던 그 천만이가 우리 집을 찾아왔다. 요란하게 대문 여는 소리는 들렸는데 밖에 기척이 없었다. 이상하다고 대문을 살펴본 어머니께서 놀라 아버지를 부르셨다. 이내 아버지와 어머니는 이불로 칭칭 감아 누군가를 안방 아랫목에 눕히는 것이었다. 이불 사이로 삐죽 나온 장작개비처럼 검게 말라비틀어진 발, 나는 그 발 하나만 보고도 깜짝 놀라 방을 뛰쳐나갔다. 천만이었다. 그리고 그 순간부터 나는 나도 모를 그 공포에 휩싸여 발을 동동 구르며 소리 내어 엉엉 울어댔다.

다행히 그날 저녁, 미음을 먹고 기력을 회복한 천만이는 그 앙상한 몸을 휘적휘적하며 집을 나섰다. 토방을 내려서며 힐끔 나를 보는데 웃는 것인지 노려보는 것인지 모를 그의 기괴한 표정에 나는 그만 까무러치고 말았다. 일그러지고 주름진 얼굴은 흙빛인데 눈 주변과 입안은 핏빛이었다. 가까이 보니 더욱 무서워 두 손으로 얼굴을 감싸고서 뒤란으로 뛰었다. 그가 엉금엉금 동냥 바가지에 밥 한 주먹을 감싸 안고 대문을 나서는 것을 보고서야 뒤란에서 나왔다.

"천만이 같은 놈", 우리 고장의 가장 큰 욕이다. 정상인도 걷기 힘든 운주사가 있는 일괘암 백사장터를 넘고 넘어 10리나 되는 길을 식은 보리밥 한 덩이를 찾아 나서야 하는 동냥치기 때문이다.

그가 조석으로 넘나들던 백사장터는 이름 그대로 흰 뱀이 구불구불 기어오르는 형상이라고 해서 붙여진 이름이다. 바로 그 가파른 백사장터 산봉우리가 도선국사가 해가 뜨지 못하도록 잠시 해를 매어 놓았다는 일괘봉이고 맞은편엔 비운의 전설을 아는지 모르는지 여태껏 천년의 깊은 사랑에 빠져 일어날 줄 모르는 와불이 있다. 나는 그 와불이 일어나리라는 전설이

언젠가는 꼭 실현되리라는 것을 굳게 믿으며 유년을 그곳에서 보냈고, 천만이는 매일매일 그 전설을 밟고서 내게로 왔다.

  천 개의 석탑을 세우고 천 개의 석불을 만들었던 이의 소망을 나는 안다. 와불이 일어서면 온 천지가 가난한 자도 없고, 상처받은 자도 없는 모두가 평등한 용화 세상이 이루어지리라는 것을 나는 믿고 소망하였다. 중학생이었던 1970년대 중반 어느 초가을, 갑자기 천둥 번개와 함께 억수가 쏟아졌다. 길섶에 말려놓았던 나락이 떠내려갈 정도였다. 나는 죽을힘을 다해 나락을 널어놓은 곳으로 달려갔다. 가뜩이나 가난했던 그 시절, 물에 젖은 벼가 싹이라도 틔우면 1년 농사 도로아미타불이었다. 가방을 팽개치다시피 집 앞에 도착하니 억수 속에서 검은 물체가 움직이고 있었다. 누군가 물에 젖은 덕석을 덮느라 낑낑대고 있었다. 나도 서둘러 힘을 합쳤다. 그렇게 일을 무사히 마칠 무렵 나는 무심결에 고개를 돌려 그의 얼굴을 보고 말았다. 순전히 번개 탓이었다. 내가 하얗게 질려버리자 그는 허둥지둥 몸을 돌려 어둠이 가득한 빗속으로 어그적어그적 벌레가 꿈틀거리듯 사라져 갔다. 천만이였다.

  아랫마을 동냥을 하고 지나는 길이었을 것이다. 평생을 동냥으로 지내면서도 단 한 번도 남의 것을 탐해본 적이 없는 그였다. 비록 육체적 동냥은 할지라도 결코 정신적 동냥은 하지 않았던 그였다. 모두가 살기 힘든 그때, 하루 한끼 입에 풀칠하기 어려웠던 시절, 그가 그토록 오래 동냥을 할 수 있었던 이유이다. 그는 일정 날짜가 지나지 않으면 결코 그 집을 다시 찾는 법이 없었다. 모두 절대 빈곤에 시달렸던 그 시절, 그는 동냥도 최소화했다. 어쩜 수없이 굶었을 것이다. 머나먼 10리 동냥 길, 풍설을 맞으면서도 나약한 육신이나마 다른 사람의 안타까운 일을 외면하는 법이 없었다. 낡은 육신을 움직이는 것조차 힘겨웠을 터이건만 천만이는 우리 모두의 궁핍한 가슴에 온정을 나누어주는 그 누구보다 건강한 동냥치였다.

밥 한 주먹 담아 먹을 양재기 하나 없어도, 동전 몇 닢 받아 넣을 깡통 하나 없어도, 그는 동냥치다. 한 면에 한 마을씩 가가호호 제삿날만 챙겨두면 먹고사는 일 정승 판서 부럽지 않은 그, 등짝에 지고 다니는 망태기엔 철 따라 달리 피는 들꽃 가득하여 꽃동냥치라 불리지만, 그는 여태껏 무얼 동냥한 적이 없다. 어쩌다 제사 없는 날엔 아침 일찍 뒷산에 올라 마을 사람 아침잠을 다 깨운다.

"내 며느리들, 빨리 일어나서 나 먹을 아침밥 지어라!"

졸지에 한 마을 아낙이 모두 그의 며느리가 되고 만다.

그가 죽어 그의 꽃 망태기도 같이 묻혔다. 그의 무덤에 꽃이 피어났다.

지금 내가 그에게 동냥을 청한다.

"꽃 한 송이, 내 등짝에도 피어나게 해주세요."
— 〈꽃동냥치, 박상률〉

훗날, 아주 훗날, 내가 도회에서 20여 년을 보내고 문득 중장터를 찾았을 때, 나도 모를 힘에 이끌려 그의 빈 집터를 서성거렸다. 그리고 그의 모습을 다시 떠올렸다. 소아마비, 손발이 굳어버린 경직성 마비에다 의지가 없는데도 마음대로 움직여 버리는 불수의 운동성 마비, 공조 장애였다. 거기에 구강 장애 안구운동 장애까지 말 그대로 소아마비의 집합체였다. 그런 그를 닮아서인지 작은 오두막조차 세월을 이기지 못하고 기울어 있었다. 검댕으로 얼룩지고 거미줄이 그물처럼 쳐진 낡은 부엌에선 그토록 그가 꿈꾸던 하얀 쌀밥이 설설 익는 듯하고, 창호지 틈새로 보이는 방안엔 형형색색의 종이로 만든 학이 흩어져 비상을 꿈꾸는 듯했다. 몇 해 전, 천만이가 죽고 그 이듬해 홀로 살던 딸마저 어디론가 떠났다고 주막집 늙은이가 전해주었다. 버림받은 육신으로 버려진 병신 아이를 불구의 몸으로 키울 수밖에 없었던 애꿎은 운명은 그가 짊어지고 가야 할 이중의 천형이었을까, 아니면 포기할 수 없었던 희망이었을까. 그리고 그의 딸은 누구를 위해 천 번의 학을 접었을까.

  운주사 입구에는 그를 닮은 탑이 하나 있다. 송장탑이라고도 하고 거지탑이라고도 한다. 천만이의 육신을 닮았다. 어떤 모자란 석공 하나가 어느 석공이 깎다 버린 탑신과 옥개를 주워 모아 아무도 눈에 띄지 않는 이곳에 슬그머니 쌓았으리라. 나는 그 탑 앞에 서면 그토록 아름답고 순수한 그의 영혼과 만난다. 평생, 탁발 수행했고, 평생, 그 걸레 같은 육신을 이끌고 고행하면서 갈고 닦았던 아름다운 영혼을 본다.

지귀는 신분을 초월해서 선덕여왕을 사랑한 사나이다. 천만이는 장애를 초월해서 자신과 이웃을 진정 사랑한 사나이다.

산기슭에 누군가 쌓아 올린 거지탑. 천년 풍설도 견디어온 천만이의 넋은 아닐까. 가슴이 활활 타오르도록 지귀의 가슴에 올려졌던 여왕의 반지, 그리고 귀신으로도 여왕에게 복종했던 지귀의 정열적인 사랑, 그 열정마저 다스릴 수 있었던 여왕의 부적. 온종일 밤낮을 가리지 않고 돌을 쪼았을 석공들의 땀방울, 새벽닭조차 울지 못했던 경외감이 천년 세월에도 여태껏 내 가슴을 뜨겁게 한다.

천 번 학을 접으면 천년학은 부녀의 간곡한 소원을 이루어 줄까. 천불 천탑과 함께 와불이 일어서면 우리의 간절한 소망도 성취될까. 지성이면 감천이라는데 내 마음속의 예수, 천만이는 천상에서나마 장애 없는 삶을 살아가고 있을까. 행여 지귀처럼 사랑을 찾거나 홀로 남겨둔 딸을 잊지 못해 지금도 구천을 헤매지는 않을는지……. 억수 속에 천둥은 아직도 그가 무어라 외치는 것 같은데…….

세월이 흐를수록 천만이가 그리워진다. 그를 만나 지난날의 내 흉터를 지우고 싶다. 그러면 가난한 내 영혼에 꽃 한 송이 피어날 수 있도록 그 신산했던 삶의 편린이나마 들려줄까.

품격 있는 거부

요즘 세상에 배고픈 사람이 어디 있느냐고 하지만, 주린 사람이 너무 많다. 돈과 재물에 굶주리고, 탐욕과 욕정에 굶주린 이들이다. 특히 돈과 명예를 함께 얻을 수 있는 상賞에 주린 사람들이 많다. 그래서인지 상 종류도 많아졌다. 학교는 학생부 종합을 위해 없는 상도 만들어내고, 방송국이나 지방자치단체 등도 가리지 않고 상을 만들어 치적 쌓기 바쁘다. 세상에는 작은 상이나마 수상을 해볼까 기웃거리는 사람들로 가득하고 심지어는 자기가 상을 만들어서 자기가 받기도 한다.

상은 받는 쪽에 중심 추가 있다. 받을 대상이 누구이고 어떠한 이유로 수상하는지가 중요하다. 그래서 수상자에게 스포트라이트가 맞춰져 있다.

그러나 사실, 상은 받는 사람보다 주는 사람을 기리기 위해 만들어진 경우가 더 많다. 사장이나 기관장 이름으로 상이 나간다. 문학상도 따지고 보면, 늘 주는 사람을 기억하거나 기리기 위해 만들어진다. 상은 주는 쪽에서 자신들의 목적 달성을 위해 부여하는 가장 효과적인 홍보 전략인 셈이다.

각종 로비를 해가며, 상에 기웃거리는 사람을 본 적도 많다. 상에 허기진 사람이다. 상이야말로 자신의 이름에 명패를 하나 다는 데다가 적지 않은 상금까지 따라온다니 안달이 날만하다.

그래서 수상을 거부하고 초연하게 자기 길을 가는 이들이 더욱 멋지게 보인다. 멋진 상을 정당하게 받는 것도 나쁘지 않지만, 상의 주체가 정의로운지 그 상의 목적과 취지에 맞는지 살펴보고 거절할 수 있는 용기야말로 멋진 수상자의 품격이지 싶다.

밥 딜런의 노벨문학상 수상 거부는 신선한 충격을 주었다. 미국의 싱어송라이터가 노벨문학상을 수상했다는 것도 놀라웠지만, 보름간 침묵을 깨고 나타난 그의 수상 거부 소식은 더 충격적이었다. 하지만 그의 예술세계를 살펴보면 이해하기 어렵지만은 않다. 그는 늘 영혼의 자유로운 삶을 추구하며 산 사람이다. 어떤 외적인 것, 심지어 노벨문학상조차 그의 삶을 규정지을 수 없었을 것이다. 우리가 선뜻 이해하기 어려운 딜런의 크고 넓은 품격을 읽을 수 있다.

몇 해 전, 배우 최민수 씨가 어느 방송사의 황금연기상 수상을 거부했다. 그는 "양심과 희망에 대한 최소한의 도리"라고 거부의 변을 밝혔다. 극 중에서 검사로 사는 만큼, 적어도 법과 상식이 무너진 현실에서는 받을 수 없는 상이란다. 드라마 속의 검사가 허구일지라도 드라마 밖으로 나온 검사는 법을 지켜야 한다는 냉철한 논리이다. 또한 "아직도 차가운 바다 깊숙이 갇혀 있는 양심과 희망"이라는 표현을 통해 진실이 규명되지 않는 세월호를 언급하며, 기쁨에 찬 이들보다 아픈 사람들의 고통을 우선시하였다. 그가 보여준 것은 화면 안팎을 구분하는 멋진 연기자의 품격, 품격 있는 거부였다.

같은 해에 황정은 작가 역시 우리나라에서 가장 역사가 깊은 현대문학상을 거부했다. 현대문학이 당시 9월호에서 박근혜 현직 대통령이 1990년대 쓴 수필 4편을 수록하고, 이 수필을 찬양한 이태동 서강대 명예교수의 글을 실었기 때문이다. 작가는 권력에 빌붙어서 형편없는 글을 싣는 문학 권력에 대해 저항하는 의미로 수상을 거부한 것이다. 작가의 의연한 품격이 아닐 수 없다. 모든 문학은 정치적이다. 조지 오웰의 말은 반은 맞지만 반은 틀렸다.

얼마 전, 송경동 시인이 미당 문학상 수상을 거부했다. 누구나 받고 싶었을 상, 게다가 상금만도 3천만 원이라는데, 누구는 받지 못해 환장한 그 상을 단번에 뿌리친 그의 단호한 기개가 부러웠다. 그리고 그의 이야기를 듣고 한동안 가슴이 얼얼했다. 그의 곡진 삶, 그의 예리한 시가 늘 감동을 주었는데,

이번 수상 거부의 변은 더욱 가슴을 울렁이게 했다.

송 시인은 "미당의 시적 역할이 있을 수 있겠지만, 친일 부역과 5·18 광주학살과 쿠데타를 통해 집권한 전두환을 찬양하는 시를 쓰고 그 군부정권에 부역했던 이를 도리어 기리는 상 자체가 부적절하고 그 말미에라도 내 이름을 넣을 수는 없다"라고 했다. 그리고 "그건 어쭙잖은 삶이었더라도 내가 살아온 세월에 대한 부정이고, 나와 함께 더불어 살아왔고 살아가는 벗들을 부정하는 일이며, 식민지 독재로 점철된 긴 한국의 역사, 그 시기 동안 민주주의와 해방을 위해 싸우다 수없이 죽어 가고 끌려가고 짓밟힌 무수한 이들의 아픔과 고통 그 역사를 부정하는 일이기 때문"이라고 덧붙였다. 송 시인은 또한 "내 시를 존중해 주는 눈과 마음이 있었다면 도대체 나와 미당이 어디에서 만날 수 있단 말인가"라며 "조금은 외롭고 외지더라도 내가 걸어보고 싶은 다른 길이 있다고 믿어 본다"라며 미당 문학상을 분명하게 거부하였다.

혼과 정신이 빠진 글은 글도 활자도 아닌 쓰레기일 뿐이다. 송경동 시인이야말로 문학이 어디에 어떻게 존재해야 하는가에 대한 분명한 해법을 내놓았다.

우리나라 재벌 서열 1위인 부사장이 구속 여부가 떠들썩하다. 그렇게 많은 돈을 소유한 거부巨富가 몇 푼을 더 갖고자 정부와 부정 청탁했다는 것은 사실 여부를 떠나 한 개인의 추한 심연을 엿보는 것 같아 씁쓸하다. 우리나라 재벌이 저지른

천박하고 저열한, 비루한 품격을 고스란히 드러낸 것이다.

진짜 거부는 청빈함을 지키면서 타인을 위한 따뜻함을 잃지 않은 부자를 말할 것이다. 재물 이전에 마음을 주는 사람이 거부이다. 세상을 엄숙하게 살아가면서 늘 겸손한 품격을 갖춘 거부자들, 이들이 있어 세상은 아직 살만하다.

---

* 이 글은 ≪계간수필≫의 요청으로 썼다가 ≪계간수필≫ 발전에 이바지한 이태동 교수를 부정적으로 언급한 부분을 삭제하라고 반려받고 그렇게는 실을 수 없다고 거부한 글임을 밝힙니다.

세트 메뉴 인생

 팀을 짜는데 쉽지 않았다. 경기에서 지고 싶은 사람은 없나 보다. 친목 경기임에도 잘하는 사람과 팀을 이루려고 했다.
 라운딩을 끝내고 승진한 친구가 한턱내겠다고 해서 식당으로 향했다. 세트 메뉴를 시켰다. 얍삽한 상술이라는 이도 있었지만, 다수의 입맛을 고려했다. 다양한 음식이 시차를 두고 나왔다. 나오는 메뉴에 따라 선호도 차이가 있었다. 탕수육이 나오자 돼지고기를 못 먹는 친구가 상을 찌푸렸고, 생선을 잘 먹지 않은 나는 새우에 젓가락을 내밀지 않았다. 골라 먹는다고는 했지만, 친구가 내 입에 싫어하는 음식을 밀어넣어 줄 때는 속이 개운하지 않았다. 하지만 세트 메뉴는 어느 것은 버리고 어느 것만 선택할 수 있는 것이 아니다.
 오늘 경기도 공격과 수비가 하나의 세트였다. 불리하다고 나만 두 번 치거나 우리 팀만 선수를 더 많이 기용할 수도 없다.

시작이 있으면 끝이 있고 만나면 헤어지듯 우리 삶 곳곳이 세트이다. 김과 간장, 상추와 된장, 국과 밥이 짝을 이룬 밥상 같다. 젓가락과 숟가락도 한 세트이고 젓가락에는 김치가 숟가락에는 국이 일종의 세트로 묶여있다.

일상생활도 대부분 묶음이다. 자고 일어나는 것과 출근과 퇴근이 그렇고, 말하기와 듣기나 먹는 것과 배설도 세트이다. 만남과 이별, 사랑과 증오, 눈물과 웃음이 그렇고, 행과 불행, 승과 패, 기쁨과 슬픔이 그러하며, 무엇보다 삶과 죽음이 하나의 짝을 이루고 있어서 어느 하나는 버리고 하나만 선택할 수 없다.

꽃이 피고 지고, 봄이 가면 여름이 오고 가을과 겨울, 낮과 밤의 순환도 세트이다. 매일 옷을 입고 벗는 일이며, 버스를 타고 내리는 행위를 반복하고 아파트 오르내리기 역시 세트이다. 두 눈과 두 귀, 두 팔과 다리 역시 한 세트로 움직인다.

우리 내면에도 많은 세트가 들어있어서 선과 악, 미와 추, 사랑과 증오 사이를 오가며 살아간다. 하나를 취하면 하나는 버려야 해서 어느 시인은 저쪽 길을 '가지 못한 길'이라고 아쉬워한 것처럼 잘 선택하기 위해 고민하되, 잘못 선택한 것에 미련과 후회를 가지고 사는 것이 우리 삶이기도 하다.

친구가 승진할 수 있었던 것도 앞 사람이 자리를 비웠기 때문이다. 어느 순간 그도 자리를 비우고 스스로 하산하지 않으면 절벽에서 떠밀릴 것이다. 나아감과 물러섬은 한 묶음이어서 그도 녀석들과 함께 지금의 자리에 있을 날이 실은 멀지 않다.

삶이 세트라고 해도 선택의 폭이 없는 것은 결코 아니다. 삶과 죽음 사이에는 수많은 시간, 밤과 낮, 그리고 수많은 계절이 주어진다. 따라서 자신의 선택과 노력에 따라 더 많은 행복, 더 좋은 이별, 더 나은 즐거움과 웃음을 만들어 갈 수 있는 것이 인생 메뉴이다.

무엇보다 내가 상대의 가장 빛나고 좋은 짝이 되어주는 것보다 아름다운 일도 없다. 잘사는 부부가 그렇다. 상대를 낮추거나 밉게 보면 자기도 함께 낮아지고 밉보이고, 상대를 떠받치고 예쁘게 보면 자신도 덩달아 높아지고 예뻐 보이는 것이 세트의 특성이다. 그러니 가능하면 아름다움 쪽에 웃는 쪽에 행복한 분야에 착한 부류에 짝이 되도록 노력해야 한다.

잘 살면 잘 죽는다. 한 조각, 한 치도 허투루 선택하지 않고 최선의 조합을 세트로 만들어 가며 사는 것이 좋다. 내 삶이 빛날 때, 죽음은 더욱 빛이 난다. 내가 진실로 삶을 사랑했을 때 시련도 문제될 것 없고, 죽음도 당당하게 맞이한다. 나로 인해서 내가 속한 세트가 밝은 쪽, 좋은 방향으로 이끌어 가는 생의 세트를 만들어 나아가는 길. 운명이 아니라 선택이고 노력에 달려 있다.

나무의 사랑

 나무가 있습니다. 깊은 산속에 키 작은 나무가 있습니다. 지금 저는 그 나무 앞에 서 있습니다. 나무를 바라봅니다. 나무도 나를 봅니다. 내가 멋쩍은지 나무는 잎을 흔들어 긁적입니다. 낯선 사내가 부끄러운 모양입니다.
 나무에 슬며시 몸을 기댑니다. 기다렸다는 듯 나무는 어깨를 내어 줍니다. 나무의 따뜻한 온기가 전해 옵니다. 나무의 수액이 내 몸속으로 흘러듭니다. 나도 수액이 흐르는 나무이고 싶습니다. 나무처럼 짙푸르고 나무처럼 단단하고 싶습니다.
 나무, 지금까지 나는 어떤 나무였을까. 깊은 산속에서도 자존을 지킨 고고한 신갈나무였을까, 길가의 키 작고 속 좁은 도토리였을까요. 여인네의 속살처럼 하얀 자작나무였을까, 몸에 가시가 돋친 탱자나무였을까요. 잡목 속에서도 잘 자라는 떡갈나무였을까, 누구의 접근도 경계한 채, 안으로만 단단해진 박달나무였을까요.

 어쩌면 나무와 견주는 것조차 부끄러운 삶이지 싶습니다. 이제부터라도 나무가 되고 싶습니다. 어른들에게는 그늘을, 아이들에게는 등을 내어주는 느티나무가 되고 싶습니다. 농부가 막걸리를 마시는 동안 소를 붙잡고 있는 소태나무거나 쌀알처럼 하얀 이팝나무고 싶습니다. 돌담을 온통 노랗게 수놓는 산수유이고도 싶고, 깨끗한 물만 마신다는 깊은 산속 고로쇠이고도 싶습니다. 여름이면 무성한 잔가지를 자랑하며 울어대는 마을 뒷산 산죽이 되고 싶고, 가을이면 온몸에 붉은 단장을 하는 황칠이고 싶습니다. 눈보라 속에서도 속내를 드러내는 법이 없는 갈매나무이고도 싶습니다. 뒤란 장독대 옆에서 단란한 가정의 웃음소리를 엿듣는 늙은 감나무여도 좋겠고, 독한 향기로 나그네를 붙잡는 아까시나무여도 좋겠습니다. 돌 틈에서도 탐스러운 꽃을 피우는 버들강아지여도 좋겠고, 진한 향기로 들판을 가득 메우는 찔레여도 좋겠습니다. 바닷가 소녀의 애틋한 사랑 이야기를 엿듣는 슬픈 동백이어도 좋겠고, 새색시의 치맛자락같이 화사하게 산을 물들이는 산벚이어도 괜찮습니다.

 깊은 산속, 오두막이 있었습니다. 거기, 가난한 노부부가 살앉지요. 할아버지가 밭을 일구면 할머니는 호미로 메었답니다. 할머니가 삭정이를 꺾으면 할아버지는 글거리를 모았지요. 할아버지는 장작을 패고 할머니는 숯을 구웠답니다.

어느 겨울, 몹시 추운 겨울이었습니다. 할머니는 비명을 들었답니다. 읍내를 다녀오던 할아버지가 발을 헛디며 벼랑에서 떨어지고 말았지요. 허겁지겁 달려간 할머니 앞에 할아버지는 만신창이가 되어 있었습니다. 집안으로 할아버지를 모신 할머니는 서둘러 집을 나섰지요. 약재를 찾아 깊은 산속으로 들어간 것이지요. 하루 이틀 사흘이 지나도 할머니는 돌아오지 않았습니다. 기다림에 지친 할아버지는 그만 의식을 잃고 말았답니다.

할아버지가 눈을 떴을 때, 할머니는 곱게 웃으시며 할아버지를 지켜보고 있었습니다. 손을 꼭 붙잡고서 할아버지만 보고 계신 것이지요. 약으로 쓰였을 나무껍질이 머리맡 여기저기에 흩어져 있었습니다.

할아버지는 금방 자리를 털고 일어났습니다. 그리고 여느 때처럼 할아버지는 밭을 갈고 할머니는 나무를 했답니다. 그때 면사무소 산림계 직원이 나타났지요. 등에 총을 멘 경찰관을 대동하고 말이지요. 나뭇단을 가리키며 그들은 할머니를 막무가내 잡아가려 했습니다. 할아버지가 가로막아 섰지요.

할아버지가 떠난 뒤, 할머니는 혼자가 되었답니다. 밤낮으로 치성을 드렸어요. 산신령은 물론 나무신령 바람신령에게도 드렸답니다.

눈이 오고, 다시 봄이 온 이듬해, 산림계 직원과 경찰관이 찾아왔답니다. 직원의 손에 보자기로 싼 상자가 들려있었습니다. 보자기를 받아든 할머니는 나무 밑으로 갔습니다. 그리고 한 줌, 한 줌 나무 밑에 뿌렸습니다. 그때 바람이 불었습니다. 송홧가루처럼 할아버지의 육신이 온 숲을 덮었습니다. 숲에서 우는 소리가 들렸습니다. 아니 숲이 울었습니다. 그 소리는 할아버지의 울음소리를 무척 닮았습니다.

그날 밤, 할머니는 할아버지를 찾아 나섰습니다. 그리고 그날 이후, 오두막에 할머니 모습은 영영 나타나지 않았습니다.

숲은 바람이 불면 여전히 울었습니다. 할머니의 헝클어진 머리카락 같은 잎을 흔들며 밤새도록 피멍이 들도록 울었습니다. 나무가 울면 숲도 함께 울었습니다. 커다란 산이 들썩이며 울었습니다. 숲이 우는 소리는 할머니를 찾는 할아버지 목소리 같기도 하고, 할아버지의 혼을 부르는 할머니의 소리 같기도 했습니다.

나무를 닮고 싶습니다. 나무껍질같이 단단한 피부, 옹이처럼 괭이가 박인 손, 부채처럼 가지를 펼친 팔. 그런 나무가 되고 싶습니다. 몸은 줄기이고 가지는 팔인 채, 하늘을 향해 쭉쭉 뻗은 깊은 산속 키 작은 나무이고 싶습니다.

나무이고 싶습니다. 죽어서도 제 몫을 다하는 나무이고 싶습니다. 다슬기를 까먹을 때 쓰는 가시를 가진 탱자나무고도 싶고, 주막을 나오는 나그네의 손에 잡힌 이쑤시개고도 싶습니다. 한평생 곱게 삶을 마감한 노인의 아늑한 관이고도 싶습니다. 아이들이 마음껏 뛰놀 수 있는 튼튼한 마루의 널빤지이고도 싶고, 깊은 산속 오두막의 기둥이고 싶습니다. 할머니와 할아버지의 사랑을 오래도록 기억하는 숲속의 그런 나무들이고 싶습니다.

 4부

내 마음의 완행버스
집게
사팔뜨기의 사랑
꼬막댁 소녀
신발 끈을 매는 당신에게
취일몽醉日夢
중장터에 들다
아버지의 배코
부러움 그리고 부끄러움
나를 사랑할 시간

내 마음의 완행버스

　제법 먼 거리임에도 버스를 타거나 걷는 편이다. 혼자 타고 가는 택시보다 버스를 타면 부담 없이 고독을 즐기거나 차창 밖 풍경을 구경할 수 있어서 좋다. 무엇보다 승객들, 목적지는 다를지라도 그들과 함께 같은 방향을 가고 있다는 연대감이 나를 든든하게 한다.
　버스를 탄다. 어디에 앉을까. 빈자리가 많으면 행복한 고민을 한다. 할머니는 훈훈한 마을 이야기를 들려줄 것 같고, 할아버지는 삶의 꼿꼿한 지표를 들려줄 것 같다. 여인네는 학원 이야기를 할 것 같고, 아저씨는 주식에 관해서 이야기를 꺼낼 듯하다. 중학생은 꿈을 꾸는지 졸기만 하고, 하여 나는 봄 냄새처럼 싱그러운 아가씨 옆에 새침하게 앉는다. 화장하지 않는 풋풋함이 새순처럼 싱그럽다.

이렇게 운이 좋은 경우는 드물다. 대부분 버스는 만원이다. 어쩌다 자리가 비어 달려가면 옆 사람 가방이나 짐이 차지하고 있어 낭패를 보는 수가 허다하다. 짐과 주인의 얼굴을 번갈아 바라보다 이내 포기하고 만다. 치워줄 의사가 있었다면 내가 다가갈 때 응당 짐을 치웠을 터이다. 오늘은 혼자이고 싶은 모양이다. 주춤주춤 물러선다. 때마침 다정한 대화를 나누던 두 아주머니가 시장 입구에서 내린다. 쉽게 자리를 차지한 셈이다. 창가를 택해 시선을 준다. 그러면서도 차가 멈출 때마다 입구에 시선이 간다. 누가 탈까. 그리고 누가 내 옆에 앉을까 늘 설렌다.

이번에도 운이 좋다. 맵시 고운 아가씨다. 맞선보러 갈까. 친구 만나러 갈까. 뚜벅뚜벅 걸음도 가볍다. 이쯤 해서 시선을 돌려야 한다. 빤히 바라보는데 어느 누가 다가와 앉겠는가.

사실, 버스는 동경의 대상이었다. 지금에야 눈길 한번 받지 못한 초라한 신세가 되었지만 유년, 마을 앞 산자락 사이로 흙먼지 날리며 덜컹덜컹 다가오는 버스는 최고였다. 아무리 재미있던 놀이를 하고 있더라도 버스가 지나가는 순간은 우리 모두 약속이나 한 듯, 하던 일을 멈추었다. 그리고 국기 하강식이라도 치르듯 버스가 가물가물 사라질 때까지 고개를 빼 들고 바라보았다. 훈련이 잘된 병사들 같았다. 버스의 움직임과 정지된 구경꾼의 조화, 혹여, 마을 앞에 버스가 멈추기라도 하면 누가 내리나 마법에 걸리기나 한 것처럼 우리는 우르르 달려갔다. 정지한 버스와 부산히 움직이는 사람들, 그들은 오랜만에 오는 손님일지라도 누구 집 손님인 것을 금방 알아보고 서로 먼저 길 안내를 했다. 시커먼 매연과 흙먼지, 부릉부릉 요란한 소음, 버스가 떠나는 신호이다. 그러면 우린 너나없이 그 매연과 흙먼지 속으로 첨벙첨벙 뛰어든다. 그리고 얼마간 서로의 얼굴이 확인되기 전까지 덩실덩실 신명이 나게 놀았다. 자욱한 매연과 흙먼지가 무슨 축복이라고, 그것도 부족했는지 아스라이 멀어지는 버스를 바라보며 버스와 헤어짐이 아쉬웠는지 몇 녀석들은 그 금성여객 범퍼에 대롱대롱 매달렸다.

나도 그랬다. 하루에 한 번 왕복하는 시골 그 금성여객, 그 범퍼를 붙잡고 따라가는 조무래기 틈에 합세했다. 전설의 도시를 가고 싶다는 거대한 꿈도 없었다. 차를 탈 수 없었던 우리는 단지 범퍼에 매달려 가는 것만으로도 여간 재미있고 신기한 일이 아니었다. 부릉부릉 버스는 털털거리며 고갯길을 돌아갔다. 고무신이 벗겨진 줄도 모르고 영채가 히죽히죽 웃으며 나를 바라본다. 얼마나 지난 산모퉁이쯤이었을까. 갑자기 버스가 멈추더니 앞문이 덜커덩 열렸다. 순간 우린 일제히 사방으로 튀었다. 차장에게 잡히면 끝이었다. 논과 밭, 산과 고랑 할 것 없이 무작정 뛰었다. 하지만 얼마지 않아 누가 내 뒷덜미를 수리처럼 낚아채는가 싶더니 내 몸이 공중에 붕 떴다.

그날 밤은 칠흑 같았다. 나는 영채와 어두운 밤길을 터벅터

벅 걸었다. 양편으로 늘어선 미루나무 사이 신작로를 걸어서 집으로 가는 길은 너무 힘들고도 멀었다. 고무신 한 짝마저 잃어버린 영채는 더욱 근심이 많았다. 저수지가 있는 산모퉁이에서는 둘이 꼭 손을 붙잡았다. 저수지 물이 출렁일 때마다 금방이라도 하얀 물귀신이 긴 머리카락을 휘날리며 불쑥 나타나 우리를 덮칠 것 같았다.

그때 나와 영채는 그 차장을 매우 욕을 했다. 어린 우리를 차에 태우고 한참을 간 후에 내려준 것이다. 시도 때도 없이 차가 멈출 때마다 똥 파리떼처럼 덤벼드는 조무래기들이 귀찮았을 게다. 하지만 그 먼 곳에다 우릴 내동댕이쳐버린 것은 너무도 짓궂었다. 집으로 오는 길에 끝내 비가 내렸다. 토란대를 꺾어 우산을 만들었지만 우린 흠뻑 비에 젖어 한밤중에야 집으로 돌아왔다. 차가 없었다면 먼 곳에 대한 동경도 그 밤길을 돌아올 때의 두려움도 경험하지 못했을 것이다. 그 금성여객 털털거리는 모습과 덥수룩한 사내 차장의 투박한 모습을 생각하면 절로 웃음이 솟는다.

그때, 폭신한 살이 밀려온다. 무안해서 주변을 두리번거린다. 내가 바라는 아가씨는 맞은편 의자에 앉아있다. 그녀 옆자리엔 젊은이다. 그럼 내 옆엔 누구란 말인가. 슬그머니 고개를 돌려본다. 웬 커다란 사내다. 힐끔 쳐다보니 우락부락한 생김새가 완전 조폭이다. 눈이 마주쳤다. 이크, 고개를 돌리려는데 사글사글 나를 보고 웃는다. 네모로 각진 투박한 얼굴, 사내의 얼굴이 금성 여객을 닮았다. 그 차장의 모습도 어른거린다.

금성 여객, 어느덧 기억조차 희미하다. 그와 함께, 같이 뛰고 뒹굴었던 친구들의 모습도 아련하다. 비행기와 초고속 전철로 작심하면 갈 수 없는 곳이 있으랴. 내가 어딘들 내리면 그때의 그 손님처럼 환영받을 곳이 있을까. 아쉽게도 텅 빈 버스는 이제 옛날의 영화를 뒤로한 채, 겨우 명맥만 유지하여 운행되고 있다. 간혹 시간을 내어서 나는 시외버스에 무작정 오른다. 그마저도 시간이 없을 때는 간혹 시내버스를 탄다. 시내버스에서나마 옛날의 정취를 느낄 수 있기 때문이다. 내 마음의 시내버스, 하여 나는 누군가와 소통하고 싶을 때면 주저 없이 버스에 오른다.

집게

텅 빈 마당.

앞마당을 가로질러 빨랫줄이 처마 밑에서 행랑채로 길게 늘어져 있다. 작열하는 태양에 지친 일상을 만끽이라도 하듯 바지랑대에 기대어 빨랫줄이 축 늘어진 채 졸고 있다. 언뜻 보면 지나쳤을 것이다. 빨랫줄 위에는 아무것도 없어 보인다. 늘 그랬다. 존재하고도 그 존재를 드러내지 않는, 자세히 들여다보지 않고는 그냥 스쳐 지나가기 일쑤인 것이 집게다. 아내도 마찬가지였다. 늘 거기에 있어서 딱히 시선을 집중하고 자세히 살피지 않고서는 보이지 않았다. 내면의 눈을 떠야만 볼 수 있는 빨랫줄에 매달린 집게, 아내이다.

심심풀이로 시작한 일에 엇나간 경우가 적지 않았다. 화투가 그랬다. 어느 날 갑자기 화투는 내게 방석 위 요술쟁이로 다가왔다. 주중도 부족해 주말이면 1박 2일로 쳤다. 화투라는 마법에 빠졌다가 희뿌옇게 동이 터서야 허겁지겁 직장으로 출근하기를 여러 날. 너끈히 두어 계절이 바뀐 어느 날이었다. 집에 도착하니 집이 굳게 잠겨 있었다. 친구들과 처가에 부랴부랴 전화했으나 아내 행방을 찾을 수가 없었다.

늦은 밤, 아이를 업고 들어온 아내는 뜻밖에도 시골 아버지의 제사에 다녀온 길이었다. 아이를 업고 시골에서 보내준 여러 물건을 양손에 들고 있는 아내의 모습을 보고 아무 말도 할 수가 없었다.

한사코 밖으로 나가려는 나를 아내는 내 몸속의 사행심이 빠져나갈 때까지 지긋하게 기다려주었다. 아내 덕분에 나는 완전히 화투를 끊을 수 있었지만, 아버지 기일이나 간혹 양손에 무엇을 들고 있는 아내의 모습은 집게처럼 내 한순간을 아직도 아프게 꼬집고 있다.

빨랫줄에 걸린 분신들, 빨래들이 바람에 팔랑거린다. 국수 다발처럼 하얀 기저귀 수십 장이 바람을 만들어내면, 누이의 새하얀 브래지어와 내 몽정한 흔적이 역력한 팬티가 어머니의 색동저고리와 형의 예비군 군복 사이에 수줍게 고개를 내밀었다가 숨었다. 그러고 보면 빨랫줄에는 빨래만 널려 있는 것이 아니었다. 부패하지 않고 잘 건조되도록 한 가족의 삶이 오롯이 걸려 있었다.

화투의 세계에서 벗어난 나는 이번에는 술에 빠지고 말았다. 정이 오고 가듯 술 또한 주고받는 것이어서, 자연히 과음하게 되었다. 술 마시는 친구끼리 만남이 잦아지면 나는 나대로 친구를 불러내고, 친구는 친구대로 술친구를 끌어들였다. 그러다 보니 1차가 2차가 되고, 2차가 3차가 되어서 술을 마시는 사람의 숫자는 물론 관계도 급격히 늘어났다. 응당 시간과 양이 늘어나고 그에 따라 얽히는 일들 또한 기하급수적으로 늘어났다. 술의 마법, 술의 법칙, 아니 술의 부작용이다.

 사람에 멍들고, 술에 두들겨 맞아서 비틀거리며 들어올 때마다 아내는 술을 탓한 적은 없었다. 내 인격을 애써 추켜올리며 술로 인해 내 격에 흠이 가지 않도록 술을 다스리도록 해주었다. 술 한잔할 때나 집에 돌아올 즈음에 나는 늘 내 마음 한구석을 꽉 붙들고 있는 아내의 집게를 생각하고 내 몸을 곧추 바로잡았다.

 낚시나 야구에 빠져서도 나는 한시도 빨랫줄에 매달려 있으려 하지 않았다. 게다가 수시로 부는 유행 또한 내 마음을 부풀려 내가 멀리 날아가도록 유혹했다. 그때마다 아내의 고독을 외면한 채, 나는 아주 멀리 영영 돌아올 수 없는 세계로 날아가는 탈출의 꿈을 펼치곤 했다. 그렇게 나는 빨래였고 아내는 언제나 집게였다. 바람 따라 멀리 아주 멀리 날아가고자 빨래가 몸부림을 칠 때마다 집게는 두 톱니가 망가지도록 빨래만을 붙들었을 것이다.

내 몸을 가득 채운 허욕의 물이 적잖게 무거웠을 터이지만, 빨래 속의 욕망이 증발해 가볍게 펄럭일 수 있을 때까지 어떻게 저리 가녀린 손목으로, 가녀린 몸으로 튼튼히도 나를 붙들 수 있었을까.

요즘의 집게들은 잘도 부서진다. 그래서인지 쉽게 헤어지는 신혼부부들도 많다. 어쩜 내 아내의 집게가 튼실하지 않았다면 나 역시 진즉 어디 시궁창에 떨어져 썩어 문드러졌을 것이다.

나와 아내가 이승을 다하고 분리될 때, 내가 저 푸른 하늘로 날아갈 때, 저 집게는 정녕 나를 아프지 않게 놓아줄 수 있을까. 집게가 집고 있는 악력이 약해지지 않도록 이제부터라도 스스로 역마를 빼는 얌전한 빨래가 될 일이다.

사팔뜨기의 사랑

 담장 너머로 고개를 내밀기를 수차례.
 그녀 모습이 희미하게 보이자 내 심장이 전파탐지기처럼 작동했다. 사뿐사뿐 아지랑이라도 밟고 오는 것 같은 그녀, 근접해오는 거리만큼 내 심장 간극도 빨라졌다. 단발머리를 찰랑찰랑 흔들며 그녀가 담 아래 신작로를 지나는 찰나, 파열해버릴 듯했던 심장 박동은 그녀의 뒷모습이 멀어지면서 비로소 안정을 찾아갔다.
 우리 집은 신작로 가에 있었다. 고개를 길게 빼면 신작로 행인들이 내려다보였다. 공부를 더하느라 그랬는지, 문단속하느라 그랬는지 우등생인 그녀는 매번 늦었고, 혼자 하교를 했다. 그때마다 내 눈은 그녀를 따라 움직이는 해바라기였고, 시선은 신작로 돌아가는 끝 지점, 소나무가 그녀를 완전히 빨아들인 그 소실점에서 멈추었다.

 소나무 속으로 가뭇없이 사라지는 그녀, 그 소나무가 무척 미웠다. 그녀를 더는 볼 수 없으면 내 눈은 굶주린 배처럼 허기가 졌고, 나는 늘 시각적 포만을 꿈꾸었다.

 예쁜 그녀, 게다가 깜찍하기까지 했다. 많은 여학생이 같은 교복을 입었건만 그녀의 단아한 복장만 눈이 부셨다. 너무 예뻐서 누구도 쉽게 접근하지 못하는 얼굴, 해가 갈수록 그녀의 자태는 수려해졌고 미모는 더욱 눈이 부셨다.

 단연 군계일학이었다. 우리의 시선은 온통 그녀에게 정지되어 있었다. 그런 그녀였건마는 이상하리만큼 그녀에게 남자 친구는 없었다.

 아니, 아니! 한 명, 딱 한 명뿐이었다. 우린 그를 사팔뜨기라고 불렀다. 녀석은 눈만 사팔이가 아니었다. 공부도 못하고 행동도 굼뜨고 어눌하기까지 하였다. 여러모로 우리와 어울리지 못한 아이였다. 우리는 그가 우리를 똑바로 바라보지 못한다는 이유로 시비를 걸고 패기까지 하였다. 그때마다 그녀는 격하게 그의 편에 섰고, 화를 내는 그녀의 그런 모습은 더 매력적이었다.

 사팔뜨기는 배달부, 편도 배달부였다. 우리가 편지나 쪽지를 그에게 주면, 그는 그것을 그녀에게 전달했다. 여러 차례 편지와 쪽지가 그녀에게 배달되었지만, 답장으로 돌아온 예는 없었다. 그녀가 편지를 읽었는지는 알 수 없었다. 사팔뜨기의 눈동자는 늘 엉뚱한 방향을 향해 있었으므로 그도 당연히 본 적이 없을 것으로 생각했다.

30년이 훌쩍 지난 어느 날, 바람에 스치듯 그녀의 소식이 들려왔다. 이번 동창회에 참석한다는 것이었다. 모두 그녀가 온다는 소식에 동창회는 시작부터 떠들썩했다. 여태 오지 않던 녀석들이 온갖 치장을 하고 나타났다. 잠바 차림의 녀석들도 대부분 양복을 입었고, 나 역시 등산화 대신에 구두를 신었다.

술잔을 돌리면서도 녀석들은 사춘기 때 간직했던 풋사랑의 불씨를 그녀를 통해 일부러 되살리려 애를 쓰는 것 같았다.

"꽃보다 사람이 아름답다는 노래 가사는 그녀를 두고 한 말이었어."

한 친구가 탄식조로 그녀를 끄집어냈다.

"카야! 지금 같았으면 덥석 껴안아 버렸을 것인데, 그땐 왜 바보 같았을까?"

다른 녀석이 잔을 비우며 입을 열었다.

"그래! 우린 서로 눈치만 봤어!"

그때, 학창 시절 개구쟁이였던 친구가 끼어들었다.

"그 친구 중에 사팔뜨기라고 있었어. 그 녀석, 소식 아는 친구 있을까?"

"……."

"결혼이라도 했으면 다행이련만 어디서 죽지 않고 살기나 할까."

그때, 뒷자리에서 누군가의 격앙된 목소리가 들려왔다.

"이런 좋은 자리에 하필 그 자식 이야기를 누가 꺼내."

우린 금세 그의 이야기를 학창 시절 그의 존재처럼 구석에 처박아 버렸다. 그 빈틈은 다시 그녀 이야기로 채워졌고 그 위로 술과 추억이 넘쳐흘렀다.

청춘! 이는 듣기만 하여도 가슴 설레는 말이다. 누가 말했던가. 우린 그렇게 잔을 돌리면서, 당시 수업 시간에 뜻조차 헤아리지 못했던 〈청춘 예찬〉을 읊어댔다. 그래서 겨우 청춘의 의미를 가늠할 것 같은 지천명에 이른 우리에게 청춘은 더욱 애절한 것이었다. 그런 그녀를 오늘 만날 수 있다니, 그녀의 등장은 소식만으로도 소멸해가는 우리 가슴에 새싹을 틔우는 봄햇살이었다.

"똑, 똑."

노크 소리에 요란하던 방안은 일순간 쥐 죽은 듯 조용해졌다.

"그녀다."

누군가 외치자 모두의 시선은 문을 향했다. 그 모습이 한결같이 가자미눈을 닮은, 모두가 사팔뜨기 같았다.

회색빛 정장이었다. 표정도 그다지 밝지 않았다. 어렸을 적 친구들의 시선을 붙잡았던 얼굴도 모습도 찾을 수 없었다. 놀라운 일이지만 그녀의 이름으로 낯선 사람이 나타난 것 같았다. 군데군데서 친구들이 웅성거렸다.

간단히 인사를 한 그녀가 택한 자리는 내 옆이었다. 아니 그곳에 내가 앉아있었을 뿐이었다. 예전처럼 화려하지도 예쁘지도 않은, 주름이 자글자글 잡히고, 머리카락도 윤기가 없으며 목소리조차 낭랑하지도 못한 그녀가 앉았다. 그리 예민했던 내 심장 시계도 그날은 미동조차 하지 않았다. 그녀를 삼키곤 했던 신작로의 그 작은 소나무는 아름드리로 자랐건만 그토록 예뻤던 홍안은 초라하고 늙숙한 누옥으로 돌아와 있었다. 30년의 세월은 그러고도 남을 시간이었다.

녀석들은 언제 그녀에게 관심이라도 있었느냐는 듯 앞자리에 앉은 여자 친구들, 성형 미인들의 시선을 끌려고 갖은 아양을 떠느라 자리는 다시 와자지껄해졌다.

몇 마디 대화를 나눈 후에야 그녀의 왼쪽 가슴에 달린 빛바랜 검은 리본이 들어왔다.

"웬 검정 리본?"

내가 목소리를 낮추어 물었다.

"남편도 지금 여기 왔으면 좋았을 텐데…."

그녀의 목소리 톤이 낮아졌다.

"그래, 그럼 네 남편이 우리 동창이란 말이니?"

옆에 있는 친구가 끼어들었다.

"춘석이 몰라? 박 - 춘 - 석!"

"누구라고?"

"그녀가 호명을 거듭했지만, 친구들은 물론 나도 그가 누구인지 떠오르지 않았다.

"그래, 모르는 게 당연할지 몰라, 니들은 이름 대신에……사팔뜨기라고 했으니까."

"사팔뜨기?"

그때야 주변 친구들이 경악했고, 나도 믿기지 않을 만큼 놀랐다.

그의 죽음에 애도부터 했어야 했다. 그런데도 우린 그와 그녀가 어떻게 결혼했을까 불가사의부터 풀고자 했다. 자리가 불편했을 것이다. 그녀가 먼저 자리에서 일어났다. 나는 그녀의 모습이 보이지 않을 때까지 눈 배웅을 했다. 유년의 작은 소나무 한 그루가 머릿속으로 들어왔다. 순간 멀어져 가는 초라해진 그녀의 쓸쓸하고 어두운 그림자보다도 나를 괴롭힌 것은 내 시선에 대한 자괴감이었다. 진정한 아름다움을 볼 시력을 갖추지 못한 것은 사팔뜨기도 그녀도 아니었다. 그것은 바로 나였다.

그녀는 마음속에 또 하나의 명징한 눈을 간직하고 있었다. 비록 시력은 좋았지만, 껍데기밖에 볼 수 없었던 우리와 달리, 사팔뜨기조차 끌어안을 수 있었던 따뜻한 눈, 겉이 아닌 내면을 볼 수 있는 눈, 마음을 읽는 아름다운 눈을 가지고 있었다.

몸이 천 냥이면 눈은 구백 냥이라고 한다. 까짓 한두 푼도 못 되는 눈으로 세상의 거죽만 보던 눈, 껍데기만 보는 눈, 천리만리를 볼 수 있는 눈으로 진정한 내면을 보지 못한 나야말로, 진짜 사팔뜨기였는지 모른다.

꼬막댁 소녀

매봉산자락 한새미들.

장구배미에는 오늘도 흥겨운 풍년가가 들리는 듯합니다. 짝을 찾아 헤매는 애간장 녹이는 뻐꾸기의 교태에 앞산이 시시로 푸르러 가는 늦봄 즈음이었습니다.

나는 그날도 몇 번이고 매봉산 자락 모퉁이를 바라보았습니다. 못줄을 옮길 때마다 허리를 폈고 그때마다 내 고개가 그리로 향했나 봅니다.

"저놈은 고개가 자동이여! 허리 한 번 펴고, 쩌짝보고 또 한 번 펴고 쩌 짝 보고."

이남아재가 거드름만 피우는 나를 보고 지청구를 하셨습니다.

사실 나는 몹시도 배가 고팠습니다. 숟가락을 놓고 돌아서면 또다시 배가 고프다던 한창때, 그날은 아침까지 굶고 들판으로 나왔던 것입니다. 나는 한시라도 빨리 새참을 머리에 인 꼬막댁이 산모퉁이에 나타나기만을 간절히 고대하고 있었습니다.

태양은 중천으로 향하고, 넓은 논도 차곡차곡 모로 채워졌습니다. 시간이 지날수록 배는 더 고파오고 다리는 힘이 없었습니다. 따가운 태양에 어질어질 현기증이 일었고, 무논 흙탕물이 막걸리로 보일 정도였습니다.

"꼬막댁은 뭣하거니 여태 오지 않아. 오다가 옛 서방이라도 만났당감."

"글쎄 말이여. 거머리처럼 흘레붙은 것도 아닐 텐데 뭔 일로 이리 늦당감."

배고픔에서 굶주림으로 고통이 깊어 갈 즈음, 여기저기서 불만이 터져 나왔습니다.

모내기의 절반은 모 찌는 일입니다. 그래서 놉들은 아침을 거르고 새벽부터 나와 모부터 찌기 시작합니다. 그러면 그날 논 주인은 푸짐하게 새참을 해 와서 일꾼들이 더 열심히 일을 할 수 있도록 늦은 아침을 대접합니다. 그래야 일꾼들은 힘을 내서 그날 일을 무사히 마칩니다. 서로 일을 도와주는 품앗이와 놉들에게 푸짐하고 기름진 새참을 대접하는 것은 어제오늘만의 일이 아닙니다. 잘 심게 하려고 잘 먹였고, 잘 먹은 만큼 잘 자라도록 정성껏 심었습니다. 그런데 그날은 점심때가 다

되어가도 새참은커녕 점심도 나오지 않고 있는 것입니다.
 여기저기서 배가 고프다고 아우성쳤고 나도 더는 견디기 힘들었습니다. 나이 든 몇 사람은 하던 일을 멈추고 논두렁에 벌러덩 눕기조차 하였습니다. 새참 때는 물론 점심때마저도 한참을 지나고 있었습니다. 그렇게 겨우 논에 모가 반쯤 심어질 무렵이었습니다.
 "온다!"
 누군가 환호성을 질렀고, 일꾼들은 일제히 산모퉁이로 고개를 돌렸습니다. 일그러졌던 얼굴이 모두 환하게 변하였습니다. 고개 너머로 점처럼 작은 형체가 시나브로 커다랗게 다가왔습니다. 하나는 머리에 커다란 바구니를 이고 양손에 짐을 들었고, 작은 하나는 옆구리에 주전자를 들고 낑낑거리며 오고 있었습니다. 모두의 얼굴에 하얀 쌀밥에 된장국을 말아놓은 것처럼 푸짐함이나 포근함, 때 묻지 않는 순박함이 넘쳐났습니다. 몇 사람은 서둘러 마중을 갔고, 점점 다가오는 형체를 바라보는 내 가슴도 벌렁벌렁 뛰었습니다.
 논두렁 돗자리 위에 밥과 찬이 놓였습니다. 나는 밥을 먹다 말고 소녀를 바라보았습니다. 소녀는 시큰둥해 있었습니다. 순간 내 가슴도 꽉 막혀왔습니다. 여태 애가 타도록 산모퉁이를 바라본 것은 배고픔 때문이 아니었나 봅니다. 그 또 다른 야릇한 갈증이 여태 목이 마르도록 한 모양입니다. 모두 늦은 밥을 먹느라 정신이 없는데 소녀는 논두렁 한쪽 구석에서 우두

커니 앉아있습니다. 몇 사람이 함께 먹자고 했으나 고개만 돌릴 뿐 소녀는 좀체 밥을 먹으려 하지 않았습니다. 꼬막댁마저 시큰둥한 표정으로 딸을 외면했습니다. 왠지 덩달아 나도 가슴이 서늘해지고 힘이 빠졌습니다.

허기진 일꾼들은 서둘러 수저를 들었습니다. 먹기보다 숫제 들어붓기에 바빴습니다. 그렇게 허겁지겁 밥과 찬을 몇 차례나 입으로 가져가더니, 하나둘씩 일그러진 표정을 지으며 서로를 바라봅니다.

"워째, 꼬막댁 꼬막 맛이 예전 맛이 아니네?"

누군가 투덜거리자 몇은 얼굴을 찡그렸고 몇은 목을 캑캑거렸습니다. 더불어 밥이 설익었다느니 찬이 싱겁다느니 수런거렸습니다.

소녀는 끝내 한술도 뜨지 않고 남은 그릇을 정리해서 집으로 떠났습니다.

"저놈은 밥을 처먹고도 또 쩌짝을 보고 있네?"

멀어져가는 소녀를 바라보는 나를 이남아재가 재차 꾸짖었지만 나는 아랑곳하지 않았습니다. 배고픔도 없어지고 그리움도 해결되었건만 좀체 가슴 한구석에 남아있는 갈증을 시원하게 해갈하지 못한 것입니다. 그날 오후 내내 나는 덤벙대며 모를 심었습니다.

초승달이 떠오를 때야 모내기가 끝났습니다. 씻는 둥 마는 둥 하고 저녁을 먹으러 꼬막댁네로 갔습니다. 소녀가 밥상을 들고 들어왔습니다. 하얀 저고리에 연분홍 주름치마, 방안이 금방 환해졌습니다. 나를 향해 살짝 미소를 짓는 소녀의 표정이 놀랍도록 환했습니다. 그럴 즈음 건넛방에서 커다란 웃음이 꽃 벙그는 것처럼 터져 나왔습니다. 모두는 건넛방에 귀를 쫑긋 모았습니다.

"그러니까, 그 새참을 논두렁에 다 엎질러버렸단 말이지!"

능주아재의 걸걸한 목소리가 창을 넘어왔습니다.

"그래서 다시 밥을 하고, 찬을 마련하느라 늦었구먼."

이번에는 보성아재였습니다.

"그런 줄도 모르고 우린 새참 기다리다 굶어 죽는 줄 알았지."

능주아재의 너스레에 또 한바탕 웃음이 지나갔습니다.

"아 글쎄, 그 아씨가 울퉁불퉁한 논두렁을 얼마나 다녀 봤을 것이여. 게다가 두 손엔 무거운 것들까지 들었으니 넘어지며 뜨거운 국물에 데이지 않는 것만도 천만다행이지."

"그렇지만, 덩달아 놀래서 꼬막댁까지 머리에 인 밥을 논에 쏟았다잖아."

"그러니까 우리 먹을 것 진짜를 저 논바닥이 먹었단 말이지."

모두 껄껄껄 크게 웃었습니다. 하루 동안 쌓인 갈증이 시원하게 터져 나왔습니다. 낮에 먹은 밥이 설익고 국이 싱거웠던 이유를 알게 된 것입니다. 웃음소리가 커지고, 소녀도 들었는지 슬그머니 낯을 붉히며 꽁무니를 뺐습니다. 소녀가 방을 나갔음에도 그녀가 남긴 수줍음이 해맑게 남아서 여전히 방안은 환했습니다. 종일 가라앉았던 내 수심도 순식간에 사라졌습니다.

  돌아오는 고샅에는 꼬막 조각이 점점이 박혀 있었습니다. 소녀의 수정처럼 까만 눈동자가 꼬막처럼 박힌 고샅을 돌아나오는 동안 나는 몇 번이고 헛기침해보았지만 아무렇지도 않았습니다. 이내 갈증이 말끔히 가신 것입니다.

신발 끈을 매는 당신에게

 혹시 신발 끈을 매고 계시나요. 무작정 매지는 않겠지요. 오늘은 어디로 정하셨나요. 약속도 없이 나서는 길은 아니시온지요.
 거울 앞에서 서성거린 적이 있습니다. 유리창 앞에서 멍하니 서서 어디 갈까 망설여본 적이 저도 있답니다. 눈과 비 때문에 바람 때문에 망설인 것이 아니라 그냥 그렇게 망설였답니다. 그것도 자주 말입니다.
 오늘은 누굴 만날까, 그리운 이를 그려보지요. 반겨줄 누군가, 말을 걸어올 누군가가 있다면 천릿길도 마다하지 않겠는데, 이리저리 그이를 찾아보지요. 무엇이 그리 바쁜지 만나자는 사람은 없고, 그래서 망설여지나요. 그래요. 그리운 이가 보고 싶으면, 때론 그 골목길을 그 대문 앞을 빙빙 돌아보다 돌아온 적이 있으시지요. 무담시 생전 그가 자주 다니는 장소에 가서 서성거리기도 하지요.

어디 봄이 그리 쉬 오던가요. 거기 가서 국밥 한 그릇 해야지, 산책도 해야지. 그 언덕에 무슨 꽃이 필 때지 하고 경험이 쌓이면 조금씩 홀로 사는 법을 터득해 가지요. 혼자가 아닌 홀로, 그러면서 발맘발맘 내공을 쌓는 게지요.

겨우내 봄을 기다리는 마음으로, 눈보라가 긋고, 소나기가 멈추기를 기다리고, 그렇게 견딤, 견뎌내는 게지요. 그냥 피는 꽃이 어디 있던가요.

늘 유리창 앞에 서면 생각이 많아지지요. 하모니카를 불어 보거나 뜬금없이 책을 읽거나 무얼 만들어 보기도 하지요. 내가 잘못 살았나, 왜 살지? 자신에게 가혹한 채찍을 가할 때도 있지요. 하지만 어디 그걸로 해소되던가요. 자신을 돌아보는 일처럼 값진 일도 없지만, 과유불급, 지나침은 아니함만 못하답니다.

창문 밖 풍경을 오래도록 보고 있으면, 그렇게 기다리고 견디다 보면, 어느 순간 안으로 가슴으로, 무언가가 자연스럽게 흘러든답니다. 꽃이 조용히 피어나듯, 과육이 안으로 익어가듯 혼자 사는 법, 세상을 읽는 내면의 눈을 뜨는 게지요.

신발 끈을 어느 정도 매셨는지요. 또 누가 자식 자랑하던가요. 캐나다도 가고 호주도 가고들 했다고요. 아들 내외가 불러서 친척이 불러서 갔다 왔다고 자랑하지만, 그것 역시 헛헛함의 표시라는 걸 잘 아시잖아요. 어디 그것으로 채워질 마음이라면 우주선을 타고 달나라라도 갔겠지요.

바다보다 넓고 하늘보다 높은 것, 인간의 공허감과 허전함이라는 빈 가슴이지요. 그러니 그런 걸로 채워질 것이 아니라는 걸 잘 아시잖아요. 그러니 아셨지요, 눈치채셨지요. 채우기보다 마음을 좁혀보세요. 내려놓아 보세요. 낮게 좁고 아래로 말입니다. 당신은 지금 아주 행복하고 충분히 부자라고 속삭여주세요. 지금도 젊고 여전히 잘살고 있다고 말입니다.

4촌 3도라는 신조어 잘 아시고 계시지요. 저는 4生 3無로 살아갑니다. 제 생각이니 사전에는 당연히 없지요. 4일은 생물과 지내고, 3일은 무생물과 논답니다. 3일 동안 산이나 들판을 걸어보세요. 사람이 그리워진답니다. 4일간만 사람과 어울려 보세요, 자연이 소중해진답니다. 그렇게 자연 속으로 사람 속으로 안겨 보세요. 우리는 아주 낮게 아래로 말입니다.

멀리 갈 필요도 높이 볼 필요도 없지요. 다리도 아프고 눈도 좋지 않고, 그래서 낮게 가깝게 보는 연습을 한답니다. 작은 것들 속에서 우주를 보는 것은 선물입니다. 발견하고 느끼고 깨닫는 시간, 노년에 얻은 두 번째 시각인 마음의 눈이지요. 두 번째 태어나 세상을 보는 내면의 세계, 사유의 세계이지요.

바빠서, 내가 잘나서 놓쳤던 것들, 보이지 않았던 것들이 젊음이 빠져나간 틈새로 하나둘 모습을 드러내지요. 경쟁하며 살다 보면 결코 볼 수 없는 것들 말입니다. 이제 작은 것에 스며들어보세요. 물결이 돌 밑으로 스미듯이, 나무뿌리가 바위 밑으로 웅크리듯이, 염색이 천에 스며들 듯이, 봉숭아 물이 손톱에 물들 듯이, 바람이 문틈으로 들락거리듯이 자연스럽게 낮은 곳으로 배어들어 보세요. 사랑이란 물병은 꼭 챙기고, 말입니다.

오늘 당신은 어디로 걷고 있는지요. 약속도 없이 멜갑시 나서는 길은 아니시온지요.

거울 앞에서 서성거린 적이 있습니다. 유리창 앞에서 멍하니 서서 어디 갈까 망설여본 적이 있답니다. 자주 그것도 오래 말입니다. 그러니 갈 곳 없이 신발 끈을 매는 이는 바로 나를 가리키겠지요.

취일몽 醉日夢

    술집을 나와 노래방으로 갈 때였다. 이른바 3차였다. 소변을 보기 위해 후미진 곳을 찾아 서둘러 지퍼를 내렸다. 이루 말로 표현할 수 없는 시원함, 무거운 짐을 내려놓는 것같이 몸이 가벼워지는 그때 그 황홀경에서였다. 누군가가 나를 응시하고 있다는 느낌에 고개를 급히 돌렸다. 그리고 녀석을 보았다. 녀석과 눈이 마주친 것이다. 녀석은 처음부터 나를 뚫어지게 바라보고 있었다. 아니 녀석의 시선이 내 아랫도리를 향해 정통으로 꽂혀 있다. 깜짝 놀라 지퍼를 올린다는 것이 그만 잘못 끼인 모양이다. 통증과 함께 술에 취한 내 얼굴이 더욱 빨개졌다.
    숭어가, 부엉이처럼 노란 안경테를 두른, 두 눈을 크게 뜬 숭어가 나를 주시하고 있었다. 늦은 밤, 귀가하지 않고 골목을 헤매는 나를 탓하는 눈빛. 살랑살랑 꼬리를 흔들며 나를 조롱하고 있었다. 방금 제 친구를 잘근잘근 씹어 삼킨 나를 지켜보고 있었다. 그 눈빛 속에는 분노와 슬픔 같은 것이 뒤섞인 바다가 보인다.

엉거주춤 몸을 돌려 몇 발자국 걸어 나오려는데 혼자된 녀석이 눈에 밟힌다. 슬그머니 돌아서서 애잔한 시선으로 녀석을 쓰다듬는다. 녀석 몸짓이 기운이 없다. 다가서 바라보니 어처구니없게도 녀석의 시선이 나에게 고정된 것이 아니었다. 녀석은 초점 잃은 시선으로 멍하니 지느러미만 움직이고 있었다. 어느 한곳에 고정된 채 겨우 꼬리를 흔들고 있다. 몸을 지탱하기 위한 몸짓, 쓰러지지 않기 위해, 어쩌면 죽지 않기 위해, 어쩌면 싱싱한 몸으로 횟감으로 자존을 지키기 위해 마지막 안간힘을 쓰고 있는지도 모른다.

세상을 살아가는데 생존을 위해 안간힘을 쓰고 있는 나나 마지막까지 비굴해지지 않기 위해 몸부림치는 너는 유리 하나를 사이에 두고 이렇게 마주 보고 있다가 문득 네 안부를 묻는다.

"숭어야! 너는 왜 지금 여기서 비틀거리느냐!"

네가 푸른 바다 위를 마음껏 뛰어다닐 때, 내 시선도 녀석을 따라 바다 위를 자유롭게 뛰었고, 파란 하늘에서 멋지게 공중제비를 하면 나도 따라 공중제비를 했다. 푸른 바다와 푸른 하늘을 마음껏 활공하는 자유, 온몸을 하늘로 솟구쳤다가도 바다 위로 냉동이칠 수 있는 작위. 지상에서 천상까지 네가 추는 춤이 어찌나 부럽던지…….

바다의 나비, 숭어야. 꽃섬을 찾아 이섬 저섬을 찾아다니는 하얀 나비야. 하늘을 동경한 나머지 바다가 박차고 종일토록 치솟아 오르던 숭어야.

제 짝을 삼킨 적 앞에서도 세상을 바라보는 초점 잃은 네 눈빛이 무연도 하구나. 너는 원망도 분노도 없는 시선으로 순간을 살아가는 초월적인 네 삶이 참으로 무던하구나.

나도 너처럼 어쩌면 푸른 들판을 마음껏 뛰놀던 아이였단다. 무지개를 찾아 새처럼 이산 저산, 이 언덕 저 언덕, 온 세상을 신나게 비상하던 아이였단다. 어느 순간 갑자기 도시를 동경한 나머지 푸른 초원을 떠나 어느 물결에 떠밀려 여기까지 왔느니라.

푸른 들판을 뛰어다녀야 할 숭어야. 초가삼간이나마 마음 편하게 살아야 할 숭어야. 너는 어찌 도시로 와서 아침부터 늦은 밤까지 이리도 헤매느냐. 정든 고향 어디에 두고 도시의 혼탁한 밤거리를 오가느냐.

깨끗한 수중에서 맑은 숨을 쉬던 숭어야. 이제는 탁한 강물에서 살아남기 위해 갖은 아첨과 기만을 하고서도 온갖 능멸을 견디면서도 하루하루를 겨우 살아가는 숭어야. 도시의 불빛이 그리 아름답더냐. 도시의 배설물이 그리도 좋더냐. 그래서 여기 후미진 수족관까지 찾아왔더냐.

참 넌 돌돔처럼 날카로운 이빨도 없고, 방어처럼 예리한 등지느러미도 없다. 가자미처럼 납작하게 은신하지도 못하고, 참돔처럼 아름답지도 못하구나.
 아무것도 뛰어난 것 없는 너는 꿈만 간직하고 도시로 온 나로구나. 그래서 꿈이 그리울 때면 온몸을 하늘 높이 솟구쳐 외치는구나. 도시 바다를 헤엄치면서 날개를 갖고 싶어 하는 바닷새 숭어야. 하늘을 꿈꾸는 새가 되고 싶은 물고기, 숭어야. 너는 왜 도시의 수족관 속에서 이리 밤늦도록 방황을 하느냐.
 '너는 왜 지금 길을 잃고 여기에 있느냐!'
 '왜……'

중장터에 들다

중장터!

시골 장터 하면 능주장, 춘양장, 남평장처럼 장소에 따라 명칭을 붙이는 것이 일반적이고, 삼일장, 오일장처럼 장이 서는 날짜에 따라 부를 때도 있다. 우시장이나 싸전 등 시장에서 잘 유통되는 물건에 따라 다소 명칭을 다르게 부르기도 하지만, 어찌되었든 중장터는 의외다.

중장터는 상장터나 하장터도 없고, 위치에 대응하는 명칭도 아니고, 장을 보는 주체에 따른다면 신사 장이나 머슴 장, 양반 장이나 아주머니 장이 있어야 할 텐데, 그런 곳은 한 곳도 없고 보면, 이 또한 생소한 호명이다. 당대 특별한 신분이었을 중들이 장을 보는 터라는 중장터는 명칭부터 단연 파격인 셈이다.

매운바람이 문풍지에서 겨울을 연주하던 어느 날이었다. 아랫목에서 곯던 배를 움켜쥐고 이가 물리도록 매 끼니를 때우던 고구마라도 먹었으면 하는 찰나, 밖에서 무슨 소리가 들려왔다. 바람 소린가 귀를 쫑긋 세우고 구멍 뚫린 창호지를 통해 마당에 시선을 주었다.

"탁 탁 탁 탁 탁……."

탁발승이 마당에서 목탁을 두드리며 아미타불 염불을 외고 있었고, 어머니는 어쩔 줄을 모르며 광으로 가서 보리쌀 한 줌을 내오셨다.

"또 땡초야. 지난번에는 보림사 비구니였는데 이번에는 어느 절이야?"

내 투정에 어머니는 스님 오셨으니 조금이나마 티끌이 있어서는 아니 된다며 조심조심 토방을 내려가셨다.

"운주사요?"

"아니."

"개천사요?"

"아니, 이번엔."

"그럼 운흥사거나 불회사?"

"그것도 아니고."

"그럼 쌍봉사?"

"아니."

"……"

"……."

 어머니는 스님을 보시면 단박에 어느 절에서 왔는지를 아셨다. 중이 되어 밥이나 실컷 먹어야겠다는 내 투정을 들은 비구니는 파르라니 깎은 머리를 숙이고서 마당을 내려섰다. 합장한 두 손끝에 함박눈이 새하얗게 내려앉고 있었다. 바랑에 보리쌀 대신 흰 눈을 한 짐 가득 짊어지고 이웃 마을로 향한 탁발승의 미소를 눈보라가 매처럼 매섭게 삼켜버렸다.

 옛날을 추억하며 새삼 중장터에 선다. 무심코 아버지를 따라 시오리 길을 나섰다가 기진맥진했던 유년이 아지랑이처럼 가물거린다. 제법 크게 장이 섰던 우시장마저 흔적조차 없다. 내 고향 중장터는 중장도 사라지고 장터는 물론 이젠 말 그대로 중장터조차 낡았는데 어찌 스님인들 남아있겠는가.
 곤궁 속에서도 청빈을 벗삼아, 생을 지고지순한 가치로 여겨서, 고뇌하고 번민하던 스님들이 한때 구름처럼 모였다는데, 그래서 장터를 이루었다는 지금 이곳에서, 내가 찾을 수 있는 것은 빈터, 공허뿐이니 허허로움 속에 허허로움이 이데아인가.
 주변의 의구한 산천은 여전히 중장터를 부챗살처럼 첩첩이 에워싸고, 그 산속에는 많은 절이 점점이 가부좌를 틀고 있다. 고즈넉한 적막이 냉골처럼 등줄기를 타고 흐른다. 이발소, 약방, 고무신 가게……. 주 고객인 스님을 상대로 장사를 했을 그 사람들은 지금 다 어디에 있는가. 해탈을 위해 치열하게 몸부림하던 그 주인공들은 또 무엇을 하고 있다는 말인가.

나는 지금, 중장터에서 서 있다.

장터를 걷는다. 터를 홀로 걷는다. 염주를 들고, 목탁을 두드린다. 보리 쌀눈 같은 영혼들을 그리며, 탁발승의 바랑을 매고 타박타박 장터를 돈다. 한평생 삶에 대한 천착으로 곡진했을 비구들이 먹장삼을 휘어졌으며 저만큼 앞서가기에 발걸음을 서두른다.

"스님, 스님!"

아무리 잰걸음을 쳐도 거리가 좁혀지지 않는다. 잠시나마 스님을 흉내를 낸들, 어찌 평생 수많은 할喝을 외치고, 자신의 내면을 향해 수없는 칼질을 했을 스님의 간곡함에 감히 한 발짝이나마 다가갈 수 있겠는가.

빈곤한 시절일지라도 영적 충만을 위해 매진한 사람들이 만들어낸 사바세계, 영혼의 샘터, 중장터는 지금 공허하고 또 공허하다.

---

* 중장터: 운주사가 있는 전남 화순군 도암면 용강리 소재 장터이다. 중들이 장을 보았던 곳이라는 유례가 있는 장소로 예전엔 번성했던 오일장이었으나 지금은 폐장이 되고 장터 흔적조차 찾기 힘들다.

아버지의 배코

"뭣하시게. 또, 쟁기를 손보세요?"

"녀석아, 넙죽 절은 못 할망정, 괄시하냐. 요것 읎었으면 지금 너희들도 읎어!"

우리에게 분필만큼이나 당신께는 이 쟁기가 전부였다는 말씀을 하셨을 것이다. 그런 아버지를 반강제로 끌고 나왔다. 매번 이런저런 일로 다투기만 했던 형과 동생도 이의가 없었다.

읍내 결혼식장을 제외하고 처음 아버지와의 도회지 동반이다. 애초부터 도시와는 어울리지 않으려고 거리를 두신 분이었다. 동물원과 작은아버지가 살고 계신 곳도 다녀왔다. 저녁엔 생고기를 대접해 드렸다. 원기를 회복하시라는 것이었지만 오히려 입맛만 다시고 만다. 탁자 위에 젓가락만 아버지처럼 가볍다.

아버지는 이미 당신 혼자 추스르기조차 힘든 함지박만 한 배를 움켜잡고 계셨다. 복수腹水는 하루가 다르게 차올랐다. 우리 형제들은 아버지의 삶이 얼마 남지 않았다는 것을 알았다. 어머니는 물론 당신도 알고 있었다. 어쩜 당신보다 우리가 더 받아들이기 두려운 현실인지도 몰랐다. 지금은 허름해졌지만, 그 등을 언덕 삼아 근근이 살아오며 끈을 잇고 있는 형제들 아닌가. 그것이 뿔뿔이 흩어진 형제를 한군데로 모이게 했다. 전망대에서 바라본 야경은 참으로 멋들어졌다. 모처럼 숨김없는 웃음이 여기저기서 터졌다. 학창 시절 각자 살았던 곳에 시선을 모으고서 한여름 밤의 시원함을 바라보고 있었다. 아버지도 낯선 야경에 눈을 떼지 못했다. 필경 화려한 광채 어디에도 당신의 흔적이 없을 터였건만 아버지는 좀체 시선을 놓지 않으셨다.

"여기서 깎자!"

무슨 말씀인지 다들 알아듣지 못했다. 여기는 이발하기에 적당치 않다는 어머니의 설명을 듣고서야 아버지의 말뜻을 이해했다. 사실 이발을 해 달라는 전화가 왔었다. 내심 이발을 핑계로 아버지의 위험을 알리는 어머니의 조심스러운 배려로만 알았다. 아버지의 의지는 확고했다. 어머니의 완곡한 부탁에도 한 걸음도 물러서지 않았다. 하는 수 없이 차에 실려 있는 가위와 여동생의 머리빗을 이용하기로 했다. 전역 직전 심심풀이로 배웠던 이발 기술이었다.

아버지의 많지 않은 머리숱은 메마른 두피에 덕지덕지 붙어 있었다. 그것이 여간 가위질을 방해하는 것이 아니었다. 정녕 그런 모습을 남에게 보이기 싫어서 기꺼이 나에게 부탁했을 터였다.

"아버지!" 조용히 불러보았다. 예상대로 아버지는 아무 대꾸도 없으셨다. 나뭇등걸 같은 등을 돌리고서 전방만을 주시하셨다.

'아버지! 빨리 원기를 회복하세요. 그리고 옛날처럼 우리에게 배코를 쳐주세요? 쟁기 대신에 경운기로 논밭을 갈듯, 요즘은 가위와 전기 면도기만으로도 이발을 한답니다. 이발사가 머리를 만져주면 포록포록 잠이 오다가도, 아버지의 시퍼런 배코가 생각나 화들짝 깹니다. 그때처럼 아버지가 무서운 적은 지금까지도 없었지요.'

나는 아버지를 바라보았다. 여전히 아버지는 횅한 눈으로 무연하게 도심의 불빛을 따라 힘에 겹게 의식을 붙잡고 계셨다. 나는 조심스럽게 한 올 한 올 아버지의 머리카락을 쓸어내렸다. 그것이 나를 옛날로 돌아가게 했다.

아버지는 농사 이외에 별다른 재주가 없으셨다. 평생을 소와 함께 소처럼 사셨다. 그래서인지 쟁기질에 막걸리 한잔을 최고의 즐거움으로 여기셨다. 말재주가 없는 탓에 입보다는 귀에 더 의존하셨고, 술값과 조의금 지출이 쏠쏠이 전부였다. 그리고 빠듯한 농촌 살림에 자식들 학비 늦추지 않는 것을 당신의 소임으로 여기셨다. 그런 아버지께서 손수 우리에게 해 주신 한 가지가 있었다. 바로 당신의 쟁기질 버금가는 기술 '배코 치기'였다. 아버지 쟁기질로 겨우 살아가는 우리 집 살림보다 우리 삼 형제 머리카락은 너무도 잘 자랐다. 우리 머리카락이 밤톨 모양새가 되면 아버지의 고함이 쟁기질할 때 들판을 울리듯이 마당을 쩌렁쩌렁 울렸다. 자신감이었으리라. 분명 아버지 쟁기 솜씨에 이의를 단 사람은 없었다. 하지만 배코를 치자는 아버지의 분부에 순종한 우리도 없었다. 숫돌에 배코칼을 갈 때면, 금강석에 금속성 부딪치는 소리에 머리카락이 쭈뼛쭈뼛 섰다. 그러면 우리는 혼을 놓은 채 아버지를 피해, 뒤란이고 외양간이고 심지어는 대밭까지 허우적허우적 도망치기 바빴다.

당신에게서는 자랑스러운 기술이었겠지만, 우리에게 신뢰를 주지는 못했다. 태생부터 기계치였던 데다 우리 형제들에게만 달포 남짓 만에 발휘하는 특혜인지라 아버지의 배코 솜씨는 좀체 나아지질 않았다. 더구나 우리들의 머리는 족보 같은 가난 탓에 온갖 버짐과 부스럼이 무성한, 말 그대로 피폐한 식민지였다. 우리는 그 점령군을 물리치고자 한시도 빠짐없이 이름도 알 수 없는 당시 최고로 독한 약을 머리에 허옇게 뒤집어써야 했다.

그리고 결국 제일 힘이 약한 동생부터 멍석 위에 꿇려졌다. 동생은 배코 치기가 끝날 때까지 내내 울었다. 그것이 다음을 기다리는 나를 더욱 아프게 했다. 그렇게 내 차례도 오고 말았다. 나는 입을 굳게 다물었다. 아무 일 없을 것이라고 아버지를 믿기로 했다. 그러면서도 시퍼런 배코 칼날이 내 머리 위를 지날 때면 칼을 의심하기보다 아버지를 의심했다.

'하느님, 아버님. 심부름도 잘하고, 깔도 가득 베어오겠습니다. 제발 내 머리만 베지 말아주십시오.'

예리한 칼날이 쓱쓱 모공을 스칠 때마다 두 눈이 질근질근 감기고 오금이 저렸다. 아버지는 필경 산비탈쯤으로 여겼을 것이다. 마치 쟁기로 땅을 갈듯 내 머리도 그렇게 배코를 치셨다. 여간 조심하지 않으면 안 될 배코 치기를 마치 능숙한 쟁기질처럼 하셨다. 그리고 그 거친 땅을 파헤치는 보습 같은 배코가 내 머리 위로 지나가는 것을 느끼며 목덜미에 힘을 뺄 즈음이었다. 칼날이 내 두피를 자르는 차가운 감촉과 함께 이내 선홍빛 붉은 핏방울이 뚝뚝 떨어졌다. 나는 기다리기라도 한 듯 팔짝팔짝 덕석을 차면서 동생처럼 엉엉 울고 말았다. 아버지는 다급하게 신문지를 가져다 댔지만, 지혈은커녕, 그 틈새로 비눗물까지 파고들었다. 그러면 나는 준비한 연극을 하듯, 두 손으로 머리를 싸잡고 더 큰 동작으로 펄쩍펄쩍 뛰었다. 그리고 원망이 가득 담긴 그렁그렁한 두 눈으로 아버지를 바라보면, 그때마다 매번 아버지는 무엇이 그리 흔쾌한지 환하게 너털웃음을 짓고서 되레 나를 바라보고 계셨다.

그렇게 반들반들 머리를 깎고 나면 말 그대로 파리가 낙상할 정도로 미끈미끈 빛났다. 죽을상을 언제 했냐는 듯, 서로의 머리를 바라보며 히죽히죽하는 동자승과 진배없었다. 머릿속까지 맑아지는 그 짜릿함과 개운함이란….

쓱싹 쓱싹.

내가 움직이는 가위 소리도 연연하지 않고 아버지는 불빛만을 직시하고 계셨다. 지금 죽기엔 너무 억울하니 제발 살려달라는 내 소망이 어찌 아버지의 가슴을 찌르지 않았으랴! 탯줄조차 믿지 못하고 1분 1초의 삶에 연연했던 그 자식의 가위질을 아버지는 묵묵히 받아들이셨다. 나는 이미 아버지와의 만남이 지극히 짧다는 것을 알고 있었다. 그래서 아버지께서 '그때처럼' 잠시나마 환하게 웃는 모습이 몹시 그리웠다. 그러나 아버지는 표정이 없으셨다. 여전히 흐릿한 당신 눈빛은 황홀한 도시를 응시하셨다. 내 가위질 소리를 장단 삼아 도도한 불빛을 따라 용궁을 흐르기도 하다가 도리천에서 몸을 씻기도 하셨으리라. 어쩜 저기 하찮은 자동차 불빛일지라도 그 유영에 몸을 맡긴 채 당신이 다른 세계로 가는 꿈을 꾸었을지도 모른다. 아니, 낯선 세계를 향한 초행길을 준비하고 계셨을 것이다.

아버지를 뒷산 언덕에 모시고 유품을 정리했다. 주고만 살아온 당신이라서 간직한 것도 없었다. 당신이 제일 소중하게 여긴 쟁기는 사랑채 벽에 그대로 걸어두기로 했다. 한동안이나마 아버지를 놓지 않기 위함이었다. 그러나 배코를 챙긴 사람은 아무도 없었다.

어머니의 사랑을 이루 표현할 수 있으랴. 넓은 바다를 항해하는 데 없어서는 안 될 나침반과 같은 세심한 사랑이다. 아버지의 사랑은 어떠한가! 존재 자체로서 언덕이 되고 힘이 되는 어두운 폭풍우 속에 등대 같은 사랑이다. 희끗희끗해진 자분치를 바라보며, 그 배코 치기처럼 무딘, 그러나 그 배코 날처럼 예리한 아버지의 사랑이 새삼 그립다.

---

* 배코(를) 치다: 면도하듯이 머리를 빡빡 깎다.

부러움 그리고 부끄러움

 한 달 동안 천불산에서 탁발하고 있을 때였다. 속계에 잠시 나와 스님과 함께 산속에서 탁발하고 있었다. 부처님께 공양은 차치하고라도 오히려 공양을 축내며 사는 동안, 나는 내내 곡차에만 매달렸다.
 하는 일마다 내 일은 부딪히고 막히지만, 들려오는 친구들 이야기는 하나같이 부러운 소식이었다. 임원이 되거나 사장이 된 친구, 학장이 된 교수, 정치에 입문했던 이는 의회의 중진이 되었고, 심지어 농사를 지었던 친구도 지역사회의 한 축을 담당하고 있었다.
 지천명은 불혹보다 더 넘기 힘든 산, 상승 기류를 타지 못하면 나락으로 떨어져야 하는 지점이었다. 절벽 앞에서 절망하고 있을 때, 그들은 더 높은 정상을 향해 훨훨 날았다. 명정과 분탕질로 부끄러움조차 망각한 만신창이는 비상하는 친구들이 마냥 부러웠다.

그런 내가 애처로웠는지 친구 녀석이 고향에 있는 천불산 산사에 방을 한 칸 마련해 주었다. 마음에 내키지 않지만, 마땅히 거처가 없던 나는 선택의 여지가 없었다. 내가 머문 요사채는 뒷산으로 곧장 이어졌다. 창문을 열면 산 향기가 다가왔고, 손을 뻗으면 맑은 공기가 만져졌다. 간혹 바람이 숲을 훑고 지나갔지마는 듬직한 천불산을 흔들지는 못했다. 방도 산도 마음에 쏙 들었다.

운주사는 제법 알려진 사찰임에도 인적이 드물었다. 나는 한적한 틈에 공양 값으로 빗자루를 들고 마당으로 갔다. 마당을 쓰는 일은 몸과 시선이 아래로 향하고 마음이 바닥을 읽는 일이었다. 빗자루 스치는 촉감이 부드러웠고, 그래서 내 마음도 정갈해졌다. 대빗자루와 마당이 부딪치는 화음이 음악처럼 자루를 통해 짜릿하게 가슴으로 느껴졌다. 빗질할 때마다 내 안을 지배했던 공허와 음기가 쓸려나가고 새로운 기운들이 꽉 채워지는 것이 느껴졌다. 시나브로 거칠던 마음도 낮게 평온해졌다. 나를 지켜보던 노승이 고개를 끄덕였다.

어느 오후였다. 늦게 방에서 나와 빗자루를 잡는데 밖이 요란했다. 멀리서 말을 탄 일행들이 한 무리를 쫓고 있었다. 쫓는 이는 창검을 들고 고함을 질렀고, 쫓기는 사람들은 여기저기로 뿔뿔이 흩어졌다. 깜짝 놀란 나는 허겁지겁 방안으로 뛰어가

방문부터 걸어 잠갔다.

달아난 노비를 추적하는 드라마를 찍는 중이라는 것을 알고서 한참을 웃었다. 죽기를 각오하고 사지까지 들어온 녀석이 까짓 드라마 한 장면에 놀란 생쥐 꼴이라니 얼마나 우스운가.

이후 나는 드라마 촬영장을 자주 찾았다. 드라마는 며칠 후, TV에 방영되었다. 촬영이 끝나면, 배우들의 준수한 외모와 개성 넘치는 연기를 보기 위해 팬들이 몰려다녔다. 취재 기자들도 정신이 없었다. 지금까지 딱히 누구를 부러워해 본 적이 없었던 나도 그들의 수려한 외모와 수많은 팬을 보니 그들이 몹시 부러웠다. 방방곡곡 명소를 유람하면서 보수는 기본이고 돈으로도 살 수 없는 명예와 인기까지 누린다는 것은 얼마나 부러운 일인가.

그들은 주로 읍내에서 숙식을 해결하였다. 촬영이 늦어지는 날은 때로 내가 기거하는 요사채 옆방에 머물기도 하였다. 그날 저녁도 늦었는지 배우들이 내가 옆방에 자리를 잡았다. 나와 낯이 좀 익은 중씰한 배우에게 곡차 한 잔을 제안했다. 그 중년 배우는 내 초청에 흔쾌히 응하고 합석해 주었다.

이런저런 이야기를 나누고 곡차가 오가는 동안 그가 나를 유심히 보더니, 서당 개 삼 년이면 풍월을 읊듯 연기 생활 30년이 되다 보니 관상이 보인다면서 내 상에 대해서 말을 해도 되겠느냐며 물었다. 차를 마시던 나는 무심코 고개를 끄덕거렸다. 화염 속에서 단련된 무쇠며, 협곡을 막 벗어난 유수라는 것이다. 도사의 뜬구름 같은 소리에 놀라서 무슨 뜻이냐고 내가 되물었다.

"광대뼈는 대간이고 코는 산맥인데, 코가 높고 인중이 넓은 것은 거친 풍랑과 풍성한 물을 의미지요. 이런 곳에 있으니 절로 그런 상이 만들어지나 봅니다. 물처럼 유순한 상이니 어찌 부럽지 않겠습니까."

하는 것이다. 뜨악해진 나는 곧장 마시던 차를 내려놓고 반문했다.

"농이 진하십니다! 저는 더 잃을 것이 없어 여기까지 온 사람입니다. 그런데 당신은 건강과 미모, 명예와 인기, 재물과 권력 모두를 가지고 있지 않습니까. 가능하다면 하루라도 당신처럼 살아보고 싶소이다."

부러운 표정으로 자신을 바라보는 나를 보며 말을 이었다.

"그리 보입니까. 저도 연기 생활 30여 년, 연기를 천직으로 여기고 죽기살기로 앞만 보고 달려왔습니다. 인기도 있고, 돈도 모았습니다. 그런데……."

그는 곡차를 거푸 몇 잔 들이붓더니

"이해하기 쉽지 않겠지만, 촬영이 끝나고 혼자 있으면 공허감이 밀려옵니다. 내 삶과 극중 인물의 삶이 뒤죽박죽돼서 일상으로 돌아와 밥을 먹을 때나 잠을 잘 때도 연기를 하는 나를 발견하지요. 쉽사리 페르소나를 벗지 못해요. 연기에 몰입할수록 더 깊은 수렁에 빠집니다. 거울을 보고 있으면 허깨비

한 명이 나타나서 나를 비웃고 있답니다. 술 한잔하지 않으면 잠이 오지 않습니다. 그런데 당신은 이리 매일 내면을 돌아보고 지켜나가니, 그야말로 하루하루 진짜 인생을 살아가는 사람 아닙니까. 나야말로 한순간이나마 그렇게 살고 싶으니 어찌 당신이 부럽지 않겠습니까."

그 순간은 그가 연기자처럼 느껴지지 않았다. 며칠 동안 사찰 생활이었다. 벼랑 끝까지 쫓긴 내가 자신의 처지를 망각하고 오히려 남을 부러워하고 있었다는 생각에 얼굴이 화끈 달아올랐다. 중견 배우 말은 조금도 껍데기처럼 들리지 않았다. 문득 나를 직시하지 못하고 잠시나마 그를 부러워했던 일이 부끄러워졌다.

나는 거울을 찾았다. 단출한 방에 거울이 있을 리가 없었다. 허겁지겁 마당으로 달려갔다. 마당 한쪽에 자리한 우물에 얼굴을 내밀었다. 마른 낙엽처럼 푸석했던 얼굴이 제법 맑아 보였다. 다음날 나는 가볍게 탁발 바랑을 쌌다.

나를 사랑할 시간

하루가 저물어 간다. 석양에 물든 자연과 황혼에 이른 삶은 아름답기보다 슬프다. 새도 귀소를 서두르고, 어선도 뱃고동을 울리며 귀가를 서두르고 있다.

까치밥처럼 한 장 남은 달력이 앙상하다. 달력 밑에 우수수 쌓인 숫자들을 밟으며 걸어온 삶을 뒤돌아본다. 누구라도 아쉬움이 많을 것이다. 삶은 충족보다 부족이고 완성보다 결핍이구나. 그것마저도 바람 따라 여기저기 뒹굴다가 소멸하겠지. 수북이 쌓인 눈도 봄바람에 흔적 없이 사라지는 것처럼, 우리 삶도 녹아 이내 물처럼 흘러 내릴 것이다.

경복궁을 지날 때, 가볍고 천박한 여자에게 수백만 백성들이 촛불을 들어, 퇴진하라 하야하라는 함성도 깨끗해진 광화문 거리만큼 남아있지 않았다. 그들이 찍어 놓은 분노를 밟으며 여러 나라에서 온 관광객들의 웃음이 하얀 눈처럼 쌓이고 있다.

그와 그들이 한 행위도 얄밉지만, 더 화를 돋게 한 것은 자신들이 해왔던 것들조차 덮으려는 뻔뻔스러움이 아니던가. 진실을 덮고 또 덮으려는 거짓들, 아 그들은 국가도 백성도 사랑하지 않는구나. 그래서 우리는 외롭고 상처받은 백성이었구나. 어느 때보다 복잡한 마음으로 광주로 돌아오는 지금, 나는 나를 잠시 위로한다. 잠시나마 시간을 내어서 나와 마주 선다.

삶을 힘들게 하는 것은 독재의 칼날이나 갑자기 닥친 교통사고 같은 불행만이 아닌 모양이다. 그것은 하루하루 만족하지 못한 의미 없는 일상이 쌓여가는 것이다. 삶을 결정하고 하루를 계획하는 시간들, 직장과 가족 그리고 가족과 나 사이에서 선택해야 했던 나 나름의 고뇌들, 결심하기까지 나 나름의 흔들림들, 고흐처럼은 아니지만 내 영혼을 풍성하게 해준 가난과 또 그런 물적 세상과 치열하게 대결해왔던 내 내면의 사유와 통찰. 쿠르베처럼 소신껏 싸워온 나날들. 때론 소주에 취해 비틀거리다 이마도 찢고, 밤늦은 한길에 넘어지고 쓰러지면서 귀가하는, 흐트러진 모습으로 살아온 때도 없지 않지만, 그나마 올 한 해는 또 나를 특별히 병상에 눕히지 않았으니 내 육체에 고맙고, 하루하루 열심히 살아온 내 영혼에 감사하고 그래서 지금은 행복하다.

벌써 내 머리 위에도 그리고 턱밑으로도 하얀 단풍이 들었다. 벌써 두 번째 서른이다. 첫 번째가 흔들리며 요란하게 받아들였다면 이제는 호수처럼 잔잔하게 맞이해야 할 일이다. 세상을 향한 선전포고였다면 이제 나 자신을 향한 조용한 속삭임이어야 한다. 그간 열심히 찾아다녔다. 모두 밖에서 찾아 헤맸다. 그런데도 아무것도 찾지도 얻지도 못했다. 그러니 이젠 능숙하게 아주 차분하게 내 안에서 나를 탐색하고, 얼마 남지 않는 주어진 시간 동안, 나를 사랑해야 할 것 같다.

관계에 소홀할까 보아 몸부림치고, 소외되지 않기 위해 납작 엎드려 살아온 날들을 버린다. 소신껏 살기보다 여기저기 기웃거리고 눈치 보고 살아온 시간도 버린다. 나와 가족을 핑계로 정작 허깨비로 살아오지는 않았는지, 국가와 민족, 사회와 같은 거대한 담론을 이야기하지 않더라도 직장과 동료 조직 운운하며 나를 따돌리지 않았는지 되돌아본다. 늘 많은 자와 비교하고 늘 행복한 자와 견주는 나는 얼마나 피곤한 존재였던가.

올해도 얼마 남지 않았다. 단 며칠이나마 우적우적 걷고, 호탕하게 웃을 일이다, 숨쉬는 일에도 만족하고 뻔뻔스러움에 대해서도 실컷 악을 쓸 것이다. 껍데기를 던져버리고 가짜 나가 아닌 진짜 내가 왕이 되는 시간을 만들어야겠다. 나를 스스로 황제처럼 모시고 경배할 것이다. 12월의 마지막 시간, 참 잘 견뎌온 나이다. 내가 보이는 풍경, 그러니 지금은 최 순간, 12월은 나를 사랑할 시간, 나를 위로할 시간이다.

■ 작가 연보

1963년 전남 화순 도암에서 태어나다.
1978년 화순군 교육청 만화그리기 대회 최우수상을 수상하는 등 만화가 꿈을 꾸다.
1979년 광주 진흥고 포스터 그리기 대회 최우수상을 수상하다.
1980년 광주 진흥고 2학년 학생으로 5·18 민중항쟁에 치열 비겁하게 싸우다가 도망가다.
1983년 전남대학교 미술 동아리 그리세 회장 역임, 미술에서 문학으로 전향하다.
1986년 3군수 지원사령부 본부소대 병장으로 전역하다.
1987년 전남대학교 전대신문 재학 중, 소설, 수필, 꽁뜨 수 십 편 발표하다.
1988년 전남대학교 국어국문학과 졸업하다.
1992년 전남대학교 대학원 강경애 장편소설 연구로 석사학위를 받다.
2004년 전남일보 신춘문예 「아버지의 배코」 등단하다.
2006년 도암 역사문화 연구회 간사로 활동하다.
2007년 광주예술문화진흥지원금 대상 선정되다.
2007년 꿈꾸는 와불 출간하다.
2007년 광주문학 편집위원을 3년 역임하다.
2008년 광주예술문화상 수상하다.

2010년 화순문학회 수필분과위원장을 맡다.
2011년 화순문학회 '왜 문학을 하는가.' 강의하다.
2014년 작품 '사팔뜨기의 사랑'으로 에세이문학 20인 선정되다.
2015년 사팔뜨기의 사랑 출간하다.
2016년 전남일보 [에세이]를 5년간 연재하다.
2016년 광주문학상 수상하다.
2019년 에세이 21 '기행수필과 기행문' 발표하다.
2020년 구례고등학교에서 왜 문학을 하는가 강의하다.
2020년 화순문학회 편집국장을 맡다.
2020년 작품 '눈물꽃'으로 에세이문학 20인 선정되다.
2020년 광주일보 [수필의 향기] 연재하다.
2021년 무등수필문학회 회장을 맡다.
2021년 영암고등학교 '글쓰기교실' 강의하다.
2021년 광주동신고등학교 국어 교사로 재직 중이다.

현대수필가 100인선 Ⅱ·93
박용수 수필선

나를 사랑할 시간

초판인쇄 | 2021년 07월 10일
초판발행 | 2021년 07월 15일

지은이 | 박 용 수
펴낸이 | 서 정 환
펴낸곳 | 수필과비평사·좋은수필사

주 소 | 서울시 종로구 삼일대로 32길 36,
       (익선동 30-6 운현신화타워) 305호
전 화 | 02)3675-5635, 063)275-4000
등 록 | 제300-2013-133호
홈페이지 | http://www.shinapub.com
e-mail | essay321@hanmail.net

값 10,000원

ISBN 979-11-5933-346-0 04810
ISBN 979-11-85796-15-4 (전 100권)

* 저자와 협의하여 인지는 생략합니다.
* 잘못된 책은 바꿔 드립니다.